KB071512

청소년 에니어그램
|상담과 코칭 매뉴얼|

William J. Callahan 저 | 김환영 · 이영옥 · 김미영 · 기수경 공역

학지사

역자 서문

이 책은 인류의 지혜인 에니어그램에 관한 책이다. 성직자인 칼라한William J. Callahan은 청소년의 성장과 발달을 위해 에니어그램이라는 인간 이해의 이론적 틀을 기반으로 『청소년 에니어그램 핸드북The Enneagram for Youth-Student Edition』과 『청소년 에니어그램 상담과 코칭 매뉴얼The Enneagram for Youth-Counselor's Manual』을 저술하였다. 그는 한 세트로 된 두 권의 책을 통해 현대를 살아가는 젊은이들에게 자신과 타인을 명료하게 이해하여, 자신의 강점과 개발 포인트 및 영성 등을 확인하여 자기 계발을 할 수 있는 방법을 안내하고 있다. 또한 전도양양한 젊은이들의 후견인이며 멘토인 학부모, 교사, 상담자 및 코치 들이 젊은이들을 올바로 성장시켜 독특한 개성을 가진 성숙한 성인으로 거듭나게 할 수 있는 안내서까지 저술하여 도움을 제공하고 있다.

에니어그램은 우주와 인간을 이해하기 위한 고대 인류의 지혜가 집약된 이론 체계로 현대의 심리학과 통합되어 오늘날에는 인간을 과학적이고 체계적으로 이해하여 인간의 성장과 발달에 크게 기여하고 있다. 에니어그램Enneagram은 그리스어로 '아홉'을 의미하는 에니어ennea와 '도형' 또는 '그림'을 의미하는 그램gram의 합성어로 원과 화살 및 아홉 개의 점과 숫자로 구성된 에니어그램 상징 또는 모델을 의미한다. 에니어그램은 구르지예프G. I. Gurdjieff라는 신비주의 학자와 성격 에니어그램을 창안한 남아메리카의 오스카 이차조Oscar Ichazo 박사 및 클라우디오 나란호Claudio Naranjo 박사 등의 헌신적 기여로 오늘날 전 세계로 확산되어 적용되고 있다.

현대 사회는 정치, 경제, 사회, 문화, 교육 등 거의 모든 영역에서 발전보다는 퇴보와 정체로 특징지을 수 있는 위기 상황에 놓여 있다. 이러한 상황에서 사람들이 건강하고 행복하게 삶을 영위하기 위해서는 다양한 제도의 개선뿐만 아니라 개인적 차원에서 심리적 대응 방안도 마련되어야 한다.

이러한 맥락에서 보면 우리가 직면한 문제들을 여러 차원에서 종합적이고 효과적으로 대처할 수 있는 도구나 이론 체계가 필요하다. 에니어그램이라는 성격 이론 체계는 철학과 신학, 인간학, 심리학 및 병리학적 관점에서 인류의 당면 문제를 해결하여 미래의 가능성을 제시하고 사회적 수준과 개인적 수준에서의 성장과 발달을 이끌 수 있는 탁월한 도구로 생각된다. 에니어그램은 '요람에서 무덤까지' 인간의 생애 전체에 걸쳐 다양한 인간적 요인human factor을 변화시킬 수 있는 개념적 틀이며 시스템이다. 특히 성격 에니어그램은 인간의 성격을 아홉 가지로 분류하는 유형론type theory으로서 우리 모두는 인종, 문화, 종교, 국가에 상관없이 아홉 가지 유형 중에 한 유형의 특성이 우세하다는 이론적인 보편성을 가지고 다음과 같은 다양한 영역에 적용하고 있다. 에니어그램 성격 이론은 문명의 치유, 사회 발전, 교육, 비즈니스, 가정교육, 영성, 심리 치료, 예술 등의 분야에 효과적으로 적용하여 탁월한 효과를 나타내고 있다.

인간의 발달 과정에서 정체성 형성에 결정적인 시기는 아마도 청소년기인 중학교와 고등학교 때일 것이다. 중·고등학교 때는 청소년기로 '질풍노도의 시기' 또는 '아노미 현상이 나타나는 시기'로서 심신과 삶에서 급격한 변화가 일어나는 때이다. 이때가 인생 전반에 영향을 미치는 올바른 인성을 형성하고 의식 수준을 높이며 정신건강을 제고할 수 있는 절호의 기회라고 생각한다.

『청소년 에니어그램』은 나는 누구인가? 나의 성격상의 강점과 장점, 약점과 단점 등 개발 포인트는 무엇인가? 수준 높은 인성과 의식 상태를 개발하기 위해 어떤 노력을 해야 하는가? 성적 향상을 위한 코칭은 어떻게 받아야 하는가? 자신의 진로 경력은 무엇인가? 자신의 리더십을 향상시킬 수 있는 방법은 무엇인가? 이 질문들에 명료한 해답을 찾을 수 있다고 확신한다.

교사 및 학부모, 카운슬러, 코치 등 현대 젊은이들의 성장에 책임이 있는 어른들은 이 책을 통해 앞서 제시한 질문에 대한 해답을 찾아 젊은이들의 삶에 적용함으로써 진정으로 청소년을 도울 수 있을 것이다.

이 책을 읽는 과정에서 에니어그램에 관련된 용어와 개념에 대해 미리 언급하고자 한다. 현대 에니어그램의 성격 유형 이론과 관련된 용어가 너무 다양하여 혼란을 줄 수 있어 성격 유형의 명칭과 날개 명칭에 대해 명시하고자 한다. 우선, 에니어그램의 아홉 가지 성격 유형은 유형 앞에 숫자를 부여하여 1유형부터 9유형으로 사용하거나 숫자 유형 대신 각각의 성격 특성을 반영하는 아홉 유형의 명칭으로 사용하고자 한다. 즉, 1유형은 개혁가, 2유형은 조력가, 3유형은 성취가, 4유형은 예술가, 5유형은 사색가, 6유형은 충성가, 7유형은 열정가, 8유형은 도전가, 9유형은 화합가로 병기하고자 한다. 그리고 날개 유형에 대해서는 영어 원서 의미를 반영하여 현대 에니어그램의 용어로 사용하거나 핵심 유형과 날개 유형을 약자로 병기하고자 한다. 즉, 9유형 날개를 우세하게 사용하는 1유형(9날개를 가진 1유형)과 '이상주의자'로 사용하고자 한다. 번역하는 과정에서 많은 논의와 연구가 있었지만 혹시 적절하지 못한 번역은 온전히 역자의 몫으로 남겨 두고자 한다.

이 책의 번역과 출간의 과정에서 에니어그램에 대한 연구와 최선의 번역에 함께해 주신 이영옥 박사, 김미영 박사, 기수경 선생에게 깊은 감사를 전한다. 오랜 시간 동안 격려와 인내로 기다려 주신 학지사의 김진환 사장님과 관계자들께 심심한 감사를 전한다.

2022년
역자 일동

서문

　나는 에니어그램 성격 유형을 1970년대 초반 시카고에서 로버트 악스Robert Ochs가 가르치던 수업에서 처음 접하게 되었다. 서부 연안 지역에서 악스는 클라우디오 나란호Claudio Naranjo에게 에니어그램 시스템을 배운 후 돌아왔다. 나란호 박사는 정신분석학과 게슈탈트 전통을 배운 의사였다. 그는 남아메리카에서 다른 치료사와 교사 집단과 함께 오스카 이차조Oscar Ichazo를 통해서 에니어그램을 접하고 돌아왔다. 이차조는 성장과 계몽을 위한 전문 교육기관을 칠레에서 운영하였고, 에니어그램은 그의 수련 프로그램의 일부였다. 이차조는 중동, 인도, 아프가니스탄에 이르는 여정 중, 게오르그 구르지예프George Gurdjieff의 제자들을 만났던 곳에서 에니어그램을 접하게 되었다. 구르지예프는 당대의 프로이트라고 할 수 있는 러시아 출신의 교육자이며 신비주의 작가였고 에니어그램을 다소 다른 목적으로 사용하였다.

　구르지예프는 성격 유형을 근본적인 방식으로 설명하는 데 에니어그램 상징을 사용하였다. 이차조는 성격 양식에 대해 보다 형식적인 연구로 에니어그램을 담아냈다. 나란호는 이차조의 작업을 당시의 심리 현상의 범주로 해석하였고, 악스는 에니어그램을 기

독교 전통으로 가져왔다.

　그 이후 에니어그램은 상당히 정교화되고 변화되었고, 여전히 그 과정은 진행 중이다.

　내가 처음 에니어그램을 배웠을 때는 그와 관련한 책이나 글이 없었다. 에니어그램은 구전 전통을 통해 교사에게서 학생에게 전달되었고, 10년이 지난 후에도 내가 에니어그램에 대한 논문을 쓰고 칼 융Carl Jung과 테오도르 밀론Theodore Millon의 현대 성격 유형과 에니어그램의 상관관계를 연구할 때에도 관련 문서가 없어서 참조를 위한 참고도서를 적어야 하는 자리에 전화번호와 주소를 적는 것으로 마무리해야 했다.

　그 후로 10년이 지난 지금, 에니어그램에 대한 수십 권의 책이 나왔고, 많은 논문이 완성되거나 진행 중이다. 에니어그램에 대한 관심은 주목할 만하다. 에니어그램은 일본, 아프리카, 인도, 중국, 잉글랜드, 아일랜드, 오스트레일리아, 뉴질랜드, 북중미와 남미 대륙에 걸쳐 전 세계적으로 전해지고 있고 이 나라들 속에서, 다양한 문화 속에서, 다양한 연령대에서 에니어그램의 아홉 가지 유형을 발견할 수 있다.

　에니어그램 시스템은 개인 영성의 성장을 위해, 커플 카운슬링에서 상호 관계의 개선을 위해, 기업과 교회 및 교구에서 효과적인 교육을 위한 팀 빌딩에 적용되어 왔다.

　칼라한Callahan의 『청소년 에니어그램The Enneagram for Youth』은 사춘기 독자, 교사, 상담자들에게 에니어그램을 소개한다. 에니어그램의 아홉 가지 유형은 어린 시절에 발달하는 것으로 알려졌다. 그래서 청소년기는 에니어그램의 아홉 가지 유형이 잘 형성되어 가는 여정이어야 한다. 나는 에니어그램을 통해 청소년이 자신의 가치, 동기, 행동을 성찰할 수 있기를 바란다. 그래서 청소년이 자신이 가지고 있었던 재능 혹은 수용한 재능의 유형을 이해하기를 바란다.

칼라한은 자신만의 해석으로 에니어그램 체계 연구에 혁신을 이루었다. 그는 자신의 이해와 경험을 통해 건강과 불건강 발달의 이론을 제시하며 아홉 가지 유형을 설명한다. 그는 각 유형의 양옆에 존재하는 유형에 대한 영향을 바탕으로 각 유형의 변형에 대한 설명을 발전시켰다. 그는 에니어그램을 청소년과 청년 그룹에 적용하였다. 그는 에니어그램에 대한 설명이 영성과 밀접한 관계가 있음을 미국 토착 영성의 전통, 이름하여 라코타 수Lakota Sioux의 지혜를 이용하여 명확히 설명한다.

에니어그램은 이 책의 젊은 독자들보다 오래되었음에도 불구하고, 청소년처럼 갑작스러운 성장과 급격한 발전을 이루고 있다. 갑작스러운 성장과 급격한 발전을 통해 더해지는 것들은 실험의 장에서 검증되어야 한다. 이것이 청소년의 다양한 경험을 정확하게 설명할 수 있는 것인가? 이것이 성장과 비통합의 길을 유효하게 표현하는가? 영적 성장을 위한 제안이 개인의 삶에서 도움이 되는 것을 증명하는가? 이 질문들에 대한 해답은 시간과 활용에 따라 나타날 것이다.

칼라한은 에니어그램 체계를 심화하고 그 개념을 발전시켰다. 그가 독자들 자신에 대한 명료한 이해를 제공하고 독자들의 능력을 강화하고 약점을 다스리는 데 도움이 되기를 바란다.

나는 에니어그램이 널리 관심을 받으면서 받아들이고 있다고 믿는다. 이는 에니어그램이 경험의 아홉 영역을 통해 세상에서 존재

의 아홉 가지 방식을 매우 직관적으로 설명하기 때문이다. 그러나
다른 것처럼 에니어그램은 누구에게는 끌리고 다른 사람에게는 아
닐 수도 있다. 그래서 우리는 또 다른 영적인 현자 로욜라의 성 이
냐시오St. Ignatius Loyola가 그의 제자들에게나 동료에게 무엇인가 선하
고 유용한 것이 있으면 사용하라, 사용하지 않는다면 그냥 내버려
두라는 충고를 취하기로 한다. 당신이 만약 에니어그램이 당신의
관심사, 가치, 동기, 두려움, 행동을 설명하고 있음을 발견하게 되
면 당신을 위해 사용하라. 만약 무엇인가 당신에 대해 밝혀 주는 특
별한 것을 찾지 못한다면 그냥 내버려 두라. 아마도 어떤 다른 체계
가 당신을 보다 잘 설명하고 당신을 잘 이해시킬 것이다.

　마지막으로 우리가 각자의 독특함을 설명하는 이론은 없다. 그
독특함은 우리의 에센스 혹은 진정한 자신이다. 이 책은 우리가 진
정한 자신에 도달하도록 돕고자 한다. 만약 에니어그램이 진정한
자신에 닿도록 돕는다면 좋은 일이다. 중요한 것은 당신이 어떻게
그곳에 도달하는가가 아니라 당신이 도달하는 그곳이다.

제롬 와그너Jerome P. Wagner 박사

로욜라 대학교

시카고

1992년 2월

도입

에니어그램은 아홉 가지의 성격 유형과 각 유형별 영성의 단계, 심리적 성장과 퇴보에 대한 아주 오래된 연구이다.

에니어그램은 기원전 2500년 바빌론에서 시작된 것으로 추측되지만 정확한 기원은 기록되어 있지 않다. 어떤 사람들은 에니어그램이 15세기 무렵에 수피라고 하는 이슬람 신비주의를 통해 알려진 것으로 믿고 있다. 그러나 서구 세계에는 수 세기가 지난 20세기 초에 이르러서야 게오르그 이바노비치 구르지예프를 통해 에니어그램이 전달되었다.

17세기 초에 예수회(역자 주-가톨릭교회 수도회의 하나)에서 에니어그램을 다루었을지 모른다. 우리 시대인 1970년대 초에 미국 예수회는 영적 지도에 에니어그램을 사용하기 위해 연구하기 시작했다.

에니어그램 연구를 위한 주요 연구소는 캘리포니아 버클리에 있는 캘리포니아 주립 대학교와 시카고에 있는 로욜라 대학교에 있다. 내가 에니어그램을 접하게 된 곳은 로욜라 대학교에서였다.

에니어그램의 전통적인 표적 모집단은 중년층이다. 그러나 이 책에서는 청소년과 청년을 대상으로 한다. 청소년과 청년이 수련

(워크)work을 통해 알아야 할 것이 있다. 사람마다 개별적인 성격을 가지고 있다는 것, 각각의 성격은 선하고 가치가 있다는 것, 만약 어떤 성장의 단계를 의식적으로 밟지 않으면 성격이 심각하게 잘 못될 수 있다는 것이다. 이는 젊은이들로 하여금 그들이 누구인지, 그들이 어떻게 되고, 어떤 사람이 될 수 있는지에 대해 전반적으로 성찰할 수 있도록 돕기 위한 노력이다.

각 성격 유형에 대한 설명은 독자들이 따라 할 수 있는 기본적이고 전반적인 지침을 줄 것이다. 여기에 상세한 분석은 없다. 그러나 다른 저자들이 그러한 분석을 제공하고 있으며, 이 책의 말미에 참고도서를 수록해 놓았다.

에니어그램의 구성 원리는 세 가지의 성격 유형과 이 세 가지 성격 유형 각각에 관련된 두 가지 유형(세 가지 중심 유형과 이 중심 유형 각각에 관련된 두 가지 유형)에 대한 연구에 기반을 두고 있다. 그 결과 다음과 같은 세 가지 중심으로 나눌 수 있다.

장형 유형
- 8유형　도전가
- 9유형　화합가
- 1유형　개혁가

가슴형 유형
- 2유형　조력가
- 3유형　성취가
- 4유형　예술가

머리형 유형 ─┬─ 5유형   사색가
            ├─ 6유형   충성가
            └─ 7유형   열정가

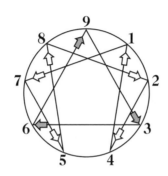

성격의 통합과정은 다음 순서를 따른다.

1 ⇨ 7 ⇨ 5 ⇨ 8 ⇨ 2 ⇨ 4 ⇨ 1 혹은 9 ➡ 3 ➡ 6 ➡ 9

　에니어그램의 성장과 발달 방향에 관한 오해가 종종 있다. 우리는 성장하기 위해 다른 성격으로 '교체'하지 않는다. 특정 성격의 약점(강박과 '함정'으로 나타나는)이 다른 성격의 성장 방향에서는 강점이 된다. 한 사람에게 결여된 강점을 획득하기 위해서는 자기 자신에 대한 믿음의 도약이 필요하다. "나는 내게 없다고 생각한 그 강점을 사실은 가지고 있어. 내가 해야 할 일은 마치 내가 가진 것처럼 생각하고, 느끼고, 행동하는 거야."라고 말할 필요가 있다. 이런 믿음의 도약은 강박의 에너지를 무력화하여 카리스마적 재능, 즉 세상에 대한 자신의 영적인 선물로 바꾼다는 점에서 해방이라고 할 수 있다. 내가 보기에 청소년과 청년을 내담자로 만나는 상담자의 임무는 한 사람이 이러한 믿음의 도약을 받아들이고 지지하도록 격려하고, 고무하는 것이다.

예를 들어, 다른 사람들의 사랑을 얻기 위해 타인들에게 도움이 되고 싶은 2유형 조력가를 위한 믿음의 도약은 "내가 궁핍함에도 불구하고, 나는 훌륭하고 가치 있으며, 다른 사람들이 내 욕구를 충족시켜 줄 것이라고 기대하지 않아도 도움을 줄 수 있다."라고 말하는 것이다. 이러한 성격은 4유형 예술가처럼 자의식이 발달하고 상처를 치유하는 진정한 치유자가 된다.

다른 사람들이 받아들이고 이해할 수 있는 방식으로 자신을 표현해야 한다는 강박이 있는 4유형 예술가의 믿음의 도약은 "나는 옳고 선해. 나는 나 자신이 있는 그대로 드러나게 내버려 둘 수 있어."라고 말하는 것이다. 이 성격은 1유형 개혁가처럼 자기 확신을 계발하여 매우 이해심이 많으며, 공감할 수 있는 사람이 된다.

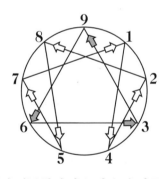

성격의 비통합과정은 다음 순서를 따른다.

1 ⇨ 4 ⇨ 2 ⇨ 8 ⇨ 5 ⇨ 7 ⇨ 1 혹은 9 ➡ 6 ➡ 3 ➡ 9

성격의 비통합 방향에 대해서도 오해가 있다. 이것은 성격을 '교체'하는 것이 아니다. 강박을 불건강하게 만드는 것은 한 사람의 의지에 좌우되는 것이 아니다. 그것은 본질적인 자유를 부정하는 것이다. 비통합의 방향에 있는 성격이 가지고 있는 강박의 특성을 드러내는 방식으로 반응할 때, 개인이 가지고 있는 특유의 성격의 함정에 빠질 때 성격의 비통합은 일어난다.

2유형 조력가가 다른 사람을 돕고자 하는 욕구가 순수하고 신성한 것이라고 믿는 함정에 빠지게 되면 다른 사람의 감정을 '그들을 위해서'라고 조종하는 **8유형 도전가**처럼 소유욕이 강해지고 강압적이며, 지배적이 된다.

4유형 예술가가 감성적인 함정에 빠지면 인정받지 못하는 2유형 조력가처럼 자기 연민으로 가득 차게 되고, 자기중심적인 우울증에 빠지게 된다.

날개

성격에 관한 설명에서 나는 날개를 중요하게 생각한다. 청소년기 후기와 성인기 초기에는 기본적인 성격 유형이 가장 분명하게 나타난다. 우세한 날개는 그때까지도 여전히 발달하는 중에 있지만 숙련된 상담자는 젊은이들이 양 날개의 균형을 유지하고 현재 삶의 상황과 당면한 과제에 따라 한쪽 날개를 우세하게 사용하는 방법을 배울 수 있도록 도움을 줄 수 있다.

에니어그램을 이용하여 청소년을 상담하는 것은 지나간 경험에 대한 성찰을 통해 한 개인이 성장 계획을 추구할 때의 장점과 불건강한 쪽으로 미끄러지게 하는 단점을 볼 수 있도록 도와주어야 한

다. 궁극적으로 청소년 스스로 결정해야 한다. 어떤 성격 유형들은
다른 유형보다 그렇게 하기가 더 쉽다. 청소년과 함께 상담해 온 경
험에 비추어 볼 때, 성장하고자 하는 노력들은 처음에는 다소 모호
하고 방향을 설정하는 것은 궁극적으로 도움을 주는 전문가의 관
리하에 있지 않다. 그러나 청소년이 자신을 관찰하고 자신의 상황
과 경험을 되돌아보도록 돕는 것은 그 자체만으로 큰 가치가 있다.

특수한 사례

 오늘날 청소년 상담자들은 허핑huffing(의도적으로 독성 가스를
흡입하는 것), 독성 약물 복용, 태아 알코올 증후군(Fetal Alcohol
Syndrome: FAS), 태아 알코올 영향(Fetal Alcohol Effect: FAE), 태아
기의 코카인과 헤로인에 노출됨으로 인하여 청소년기에 발생할 수
있는 신경계장애와 뇌장애에 대해 알아야 한다. 이에 관련하여 보
다 완화된 모습으로 나타나는 기질적인 증상들은 성격장애 또는
행동장애로 쉽게 인지될 수 있다. 예를 들어, 주의력결핍장애는 몇
가지 가능한 병인이 있는데, 이는 기질적 · 심리적인 요인 둘 다일
수도 있다. 우리는 우리가 대하는 젊은이들에게 기질적인 손상이
있을 가능성을 염두에 두는 것을 당연히 꺼린다. 그러나 내담자에
게 공정하게 말하고 적절하게 예상하기 위해 우리는 이러한 가능
성을 알 필요가 있고, 우리가 인정하고 싶은 것보다 더 자주 의학적
진단이 권장되어야 한다는 것을 알아야 한다.

영성

이 책에서는 각 성격 유형에 대한 설명에 참고가 될 만한 영성을 포함시켰다.

이 책에서 사용하는 **영성**이라는 용어의 첫 번째 정의는 물질적인 것과 비물질적인 것 모두에 관하여 인지하고, 사고하고, 행동하는 방식이다. 다시 말해, 삶의 방식이다. 이처럼 에니어그램의 접근은 그것 자체로 영성에 관한 연구이다. 영성에 대한 두 번째 정의는 비공식적 종교 혹은 고도로 발달한 공동체가 공유하고 있는 영성, 중앙 집권화되지 않은 영성을 공유하는 공동체, 권위적으로 위임된 보편적인 교의, 교리, 또는 상세한 행동 강령에 대한 설명이다. 그러나 이러한 영성은 성스러운 상징과 의식에 집중되어 있다.

이 책에서 **종교**라는 용어는 비공식적인 종교가 가지고 있는 모든 측면을 가진 영성을 지칭하며, 신성한 상징과 의식 외에 영성과 가르침을 궤도에 올려놓기 위한 어떠한 형태의 권위를 말하는 데도 사용되었다.

일부 젊은 사람들이 빠져들고 있는 뉴에이지 영성을 지금 정의하기에는 너무 유동적이지만 내가 말할 수 있는 것은 영성의 두 가지 정의 사이에 있다는 것이다.

본질적으로 앞의 것 중 어느 것도 '더 나은' 것은 없다. 내 생각에 형식화된 영성의 증가는 모호함과 모순을 제거해 준다는 이점을 가짐과 동시에 근원적이며 경험적인 현실을 점점 지성화한 단점을 가지고 있다.

상담자가 에니어그램을 젊은이를 위해 사용할 때 상담자 또한 성장 방향에서 자신이 선택한 성격 유형에서 제안한 영성을 참고할 것을 추천한다.

영성의 비밀

에니어그램의 내용은 다음과 같다.

> 당신이 필요하다고 생각하는 그것을 내려놓을 때, 당신이 찾는 것을 다른 사람에게 줄 때, 그것이 당신에게 올 것이다.

나는 『상담과 코칭을 위한 청소년 에니어그램』 학생용에 있는 '여는 편지-독자에게'에서 살아가는 것과 성장하는 것은 미지의 세계로 나아가는 여정이라고 소개하였다. 한 사람이 미지의 세계로 모험을 떠날 때, '우위를 점하고' 싶어하는 것은 당연하다. 즉, 알 수 없는 위험으로부터 보호해 줄 무언가를 가지고 가는 것으로서, 만약 이 보호가 부족하다면 그 사람은 이것을 광적으로 찾을 것이다.

이러한 추구는 강박이 될 수 있다. 무엇인가 빠진 듯한 것을 보충하려고 애쓰는 것은 사람을 함정에 빠뜨리고 여정을 가로막는다.

삶은 추구하고, 찾고, 소유하고, 발견된 것이 더 이상 그 목적에 부합하지 않을 때 놓아 주는 순환으로 묘사할 수 있다. 그리고 다시 찾는다. 성장의 비결은 우리가 매달리고 있던 것이 언제 더 이상 작동하지 않는지 혹은 한 번도 작동하지 않았는지를 알고 그것을 놓아 주는 것이다. 우리가 매달리고 있는 것이 무엇이든 그것을 놓지 못하는 것은 점점 더 스트레스를 받게 한다. 한때 우리를 보호하고 편안하게 해 준 우리의 손안에 있는 물체는 그것이 고통의 원인임에도 불구하고 놓아 주지 않으려 하는 것 같이 움켜쥔 주먹으로 꽉 잡고 있는 타오르는 석탄으로 변한다.

만약 우리가 놓아 준다면 아무것도 남지 않을 수 있다는 두려움과 공포가 있을 수 있다. 매달릴 것도 없을 것이고 끔찍한 일이 일어날지도 모른다.

다른 시각으로 보면 살기 위해서는 숨을 들이마시고 숨을 참은 다음 숨을 내쉬면서 새로운 공기가 들어오기를 기다리고 있다는 확신을 가지고 숨을 내쉬어야 한다. 성장의 문제는 우리가 숨을 참음으로써 야기된다.

내담자에게 에니어그램을 소개하기

내담자를 이 과정에 참여하도록 초대하는 가장 효과적인 방법은 한 사람에게 좋은 충고가 반드시 다른 사람들에게 좋은 것은 아니라고 말하는 것이다. 서투른 충고를 하는 실수를 피하기 위해 상담자는 내담자의 성격을 파악해야 한다. 내 경험으로 보면 내담자들은 이를 거의 거부하지 않는다.

이는 또한 상담자에게 도움이 되는 것으로 내담자의 자기 노출 과정의 시작이 된다. 이 상황은 내담자를 '안전한 장소home territory'에 두는 것이다.

잘못된 동일시

내담자가 하나의 성격 유형을 결정했을 때 가장 좋은 것은 그 선택을 따르는 것이다. 아무리 어린 내담자일지라도 아마 정확할 것이다. 그러나 내담자는 이렇게 말할 수도 있다. "이것은 제가 되고 싶은 모습이네요." 또한 이렇게 말할 수도 있다. "저는 지금의 저 자신을 좋아하지 않아요. 그래서 저 자신을 이렇게 보는 거예요." 혹은 내담자의 현재 스트레스, 즉 가족 간의 갈등 때문에 "저는 이런 모습이 되고 싶어요. 왜냐하면……"과 같이 말할 수도 있다.

자신의 성격 유형에 대한 잘못된 동일시는 내담자가 심각한 상처를 입었을 때 종종 나타난다. 이때 선택된 성격 유형은 상처를 가리는 딱지 같은 것이다. 만약 상담자가 약물이나 알코올 남용으로 인한 개입 상황에 있지 않는 한 상담 초기의 관계에 그 딱지를 벗기지 않는 것이 가장 좋다. 어린 내담자들은 종종 그들의 부모나 보호자를 지금의 상황이 아닌 과거의 상황에서 어떻게 인식하고 있는지를 명확히 설명하기 어려워한다. 당신과 내담자가 선택한 성격 유형에 대한 설명, 특히 가족의 배경에 대한 작업을 계속 진행하다 보면 '딱지'는 저절로 떨어지게 될 것이다.

에니어그램을 통한 상담은 인내를 필요로 하는 예술이다. 내담자가 자유롭게 자신의 성격 유형을 '갖지' 못한다면 이 과정은 효과가 없을 것이다.

감수성

일단 내담자가 자신의 성격 유형을 알게 되면 상담자는 내담자가 수용할 수 있는 것 이상으로 내담자에 대해 더 많이 알고 있는 위치에 있게 된다. 특히 어린 청소년들과 함께할 때에는 긍정적인 것을 강조하고 부정적인 것들은 이 맥락 안에서 논의하는 것이 가장 좋다. 예를 들어, 2유형 조력가에게 2유형의 유혹적이고 교활하며 이기적인 행동에 직면하도록 강요하거나 4유형 예술가에게 자기 연민을 마주하게 하는 것, 6유형 충성가를 겁쟁이라 부르는 것, 8유형 도전가에게 향락주의자라고 부르는 것 등은 치명적일 수 있다. 이런 결론은 서서히 도달하는 것이 가장 좋다.

에니어그램은 이러한 강박과 그것이 만들어 내는 자멸적인 함정에 따라 각각의 성격을 식별한다.

네 방향의 다이아몬드

각각의 성격을 분석할 때 기존의 에니어그램에 없는 것을 포함하였다. 이것은 내가 연구하고 있는 라코타 수Lakota Sioux의 영성에서 비롯된 내용이다. 이 영성에서는 모든 사람이 자신의 중심을 찾아낼 필요가 있다고 한다. 이렇게 할 때 인간은 자신의 중심이 그들과 세상을 긍정적이고 신뢰할 수 있는 방식으로 연결해 주는 세상의 중심이라는 것을 발견한다.

사람들은 네 개의 기본 방향의 통합과 조화를 통해 중심을 찾는다. 네 방향의 원 안에는 두 가지의 길이 있다. 남북의 길은 평화 또는 신성함의 길이고, 동서의 길은 격정 또는 붕괴의 길이다.

중심을 가로지르는 두 길의 교차점이 그 사람이 서 있는 곳이다.

내 경험에 따르면 에니어그램은 네 개의 방향과 관련해 영적인 수련을 수행하는 사람을 각각의 긍정적인 영향에 둘러싸이게 하는 방식으로 도와준다.

이런 방향들의 영적인 힘은 양면적이다. 만약 평화의 길을 선택하였다면 영적인 힘은 긍정적이지만, 격정의 길을 선택하였다면 그 힘은 파괴적이다.

나는 여러 해 동안 청소년 및 청년들과 작업을 하면서 젊은이들이 '위치하고 있는' 곳은 언제라도 유동적이라는 것을 알게 되었다. 그들은 끊임없이 각각의 길에 대한 경험을 시험해 보고 있으며, 그 순간에 그들이 어떤 길을 시험해 보고 있는지에 따라 매우 다르게 자기 자신을 드러낸다.

나는 에니어그램이라는 맥락 안에서 네 방향에 대한 라코타 패러다임Lakota paradigm의 역동성이 젊은 내담자의 위치를 파악하고, 그 순간에 어떤 미덕 혹은 악덕이 가장 영향을 미치는지 알아보는 데 가장 도움이 된다는 것을 깨달았다.

이러한 접근방식은 에니어그램을 활용하는 데 기여할 수도 있고 그렇지 않을 수도 있지만 젊은 내담자의 태도, 인식, 애착, 행동의 변화를 인지하고 이해하려고 애쓰고 그것을 성찰하기를 원하는 상담 시간에 도움이 된다는 것을 깨달았다.

네 방향의 영향

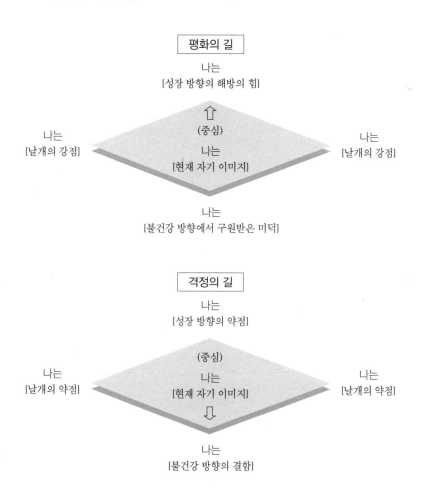

평화의 길

나는
[성장 방향의 해방의 힘]

나는　　　　　　　　　(중심)　　　　　　　　　나는
[날개의 강점]　　　　　　나는　　　　　　　　[날개의 강점]
　　　　　　　　　　[현재 자기 이미지]

나는
[불건강 방향에서 구원받은 미덕]

격정의 길

나는
[성장 방향의 약점]

　　　　　　　　　　(중심)
나는　　　　　　　　　나는　　　　　　　　　나는
[날개의 약점]　　　　[현재 자기 이미지]　　　[날개의 약점]

나는
[불건강 방향의 결함]

예를 들어, 1유형 개혁가는

평화의 길

나는 생산적이다.
[열정가]

나는 인내한다.   나는 충분히 선하다.   나는 사랑한다.
[화합가]   [개혁가]   [조력가]

나는 이해한다.
[예술가]

1유형 개혁가가 7유형 열정가처럼 보일 때

1유형 개혁가가 강박을 내려놓을 때, 건강한 7유형 열정가의 즐거운 기운, 건강한 2유형 조력가의 보살핌, 건강한 4유형 예술가의 공감, 건강한 9유형 화합가의 느긋한 본성을 얻는다.

격정의 길

나는 불안하다.
[열정가]

나는 게으르다.   나는 옳다.   나는 응징한다.
[화합가]   [개혁가]   [조력가]

나는 분개한다.
[예술가]

1유형 개혁가가 4유형 예술가처럼 보일 때

1유형 개혁가가 강박 관념에 사로잡히면 불건강한 4유형 예술가와 같이 질투를 하게 되고, 불건강한 2유형 조력가처럼 응징하는 '돕는 사람'이 되고, 불건강한 9유형 화합가처럼 나태해지고, 불건강한 7유형 열정가처럼 불안해한다.

상담 접근법

- 그렇다, 당신이 모든 것을 완벽하게 해야 한다는 불안감 때문에 더 이상 지치지 않을 때 얼마나 많은 에너지를 가졌는지 놀랍다.
- 그렇다, 다른 사람들을 있는 그대로 내버려 두면 당신은 매우 사랑스러운 사람이 될 것이다.
- 그렇다, 당신이 자신의 약점을 받아들이면 다른 사람들을 더 잘 이해힐 수 있고, 그들을 있는 그대로 받아들일 수 있다.
- 그렇다, 당신이 자신과 세상을 있는 그대로 받아들이는 것은 자신이 해야 할 일을 하고 성취할 수 있는 것을 성취할 수 있는 인내심을 줄 것이다.
- 그렇다, 당신이 자신을 충분히 훌륭하다고 받아들이는 것은 자신을 위해 완벽해질 필요가 없기 때문에 다른 사람들과 더 가까워지게 해 줄 것이다. 충분히 훌륭하다는 것이 가장 중요하다.

성격 유형과 자아

나는 일반적으로 성격을 '그것'이라고 부르는데, 왜냐하면 성격 이란 그 사람이 누구인가가 아니라 그 사람이 자신을 어떻게 표현 하느냐 하는 것이기 때문이다. 자아는 특정하거나 유형화할 수 없 다. 유일무이하면서 보편적인 것이 자아이다. 하느님의 형상이며, 인간의 선함의 근원이 바로 자기 자신이다. 영적 성장의 인간적인 여정을 완성하기 위해서 결국에는 우리의 자아상self-image, 성격 유 형을 놓아 보내야 한다. 젊은이들은 세상에 자신의 정체성을 확립 하기 위해 강하고 긍정적인 자아상을 개발해야 하는 이 여정의 초 기 단계에 와 있다. 이러한 자아상은 삶-죽음-새로운 삶으로 이어 지는 주기, 또는 성장의 연속적인 변동을 통해 결국 손에서 놓아 버 리거나 사라져 가게 될 것이다.

에니어그램의 목적

이 책을 저술하는 나의 주된 목적은 청소년 상담자들에게 하나 의 도구를 제안하는 것이다. 나는 이 도구가 청소년이 자신과 자신 의 삶의 길을 솔직하고 긍정적인 방식으로 이해하도록 돕는 데 유 용하다는 것을 알게 되었다.

• 그들의 개인적인 경험과 이력 때문에 그들은 독특하지만 유일

무이하다는 점에서는 똑같다.

- 그들은 모든 약점을 잘 다루며 풍부한 자원을 가지고 있다.
- 그들이 혼란스럽다고 해서 정상이 아닌 것은 아니다.
- 그들이 있는 그대로가 되는 것은 괜찮다. 그들은 다른 사람들에게 소중한 선물이다.
- 그들이 자신의 선함을 안다면 다른 사람들이 자신을 사랑하도록 만들 수 없어도 괜찮다.
- 다른 사람을 행복하게 할 필요가 없으며, 모든 사람은 스스로를 위해 행복해야 한다.
- 스스로를 돌볼 수 있는 자원을 가지고 있기 때문에 다른 사람이 자신을 돌볼 필요가 없다.
- 모든 종류의 사람이 각자의 방식으로 행복을 찾는 것이 좋다. 우리 모두는 같은 방식으로 보고 생각하고 행동할 필요가 없다.
- 삶이 힘들어도 괜찮다는 것은 그들이 힘들다고 해서 반드시 무언가가 잘못되었다는 것을 의미하지는 않는다.
- 여정을 잘해 나가는 것이 인생의 목표이다.

청소년들을 위한 상담자가 되는 것의 막대한 부수적인 혜택은 우리가 그들이 스스로를 발견하도록 돕기 위해 노력하면서 끊임없이 삶의 지혜를 살펴보아야 한다는 것이다. 이러한 과정 중에 우리 또한 성장한다. 상담자로서 우리는 사실 우리의 개인적인 여정을 따라 만나는 다른 사람들과 잠시 함께하며, 우리가 배운 것을 공유하고, 우리가 알아야 할 것을 그들에게서 배우는 여정의 동반자에 지나지 않는다.

성격 파악하기

    다음 장은 각 성격 유형에 대한 간단한 묘사로 성격 유형을 알아보는 도구로 사용할 수 있다. 나는 당신이 한 유형을 선택해서 내용을 읽어 보고, 그것이 어떻게 맞는지 보기를 바란다. 만약 그 유형이 맞다면 나는 왜 그런지 묻는다. 만약 그 유형이 맞지 않다면 왜 그렇지 않은지도 묻는다. 나는 이 대화의 결과로서 그 사람에게 가장 잘 맞을 것 같은 유형을 보라고 권한다. 만약 그것이 맞지 않는다면 나는 그 사람에게 자신의 선택에 만족할 때까지 계속해서 찾아보라고 권한다.

    때때로 사람들은 잠정적인 선택을 하거나 한 유형으로 좁히지 못하는 경우가 있다. 나는 그 사람에게 잠시 더 생각해 보기를 권한다. 선택이 지연되는 것을 큰 문제라고 생각하지 않는다. 나는 내담자의 불안 수준을 감소시키고 자신을 찾는 것에 대한 흥미를 유지시키려고 한다.

    각각의 간단한 설명에서는 성격 유형별로 다르게 대답을 하는 네 가지 질문을 다룬다.

- 내가 가장 원하는 것은 무엇인가?

- 나에게 가장 중요한 것은 무엇인가?
- 나에게 일어날 수 있는 가장 나쁜 일은 무엇인가?
- 나는 나 자신을 어떻게 보는가(좋은 날에)?

청소년들이 개인적으로 이 질문을 하고 내면에서 울리는 답을 '쇼핑'하는 과정 자체가 가치관을 명료화하는 연습으로서 가치가 있다고 믿는다.

1유형 개혁가

- 나는 도덕적으로 옳기를 원하고, 누구도 내가 선하지 않은 사람이라고 말할 수 없게 나 자신을 향상시키고 싶다.
- 사람들이 마땅히 행해야 할 바를 하는 것이 나에게는 중요하다.
- 나에게 일어날 수 있는 가장 나쁜 일은 내가 도덕적으로 타락하고, 내가 보기에 실패하는 것이다.
- 나는 숭고한 원칙을 가진 사람이다—논리적이고 질서 정연하다.

2유형 조력가

- 나는 사랑하고, 사랑받기 원하고, 도움이 되길 바라며, 내가 한 일에 대해 감사를 받고 싶다.
- 다른 사람들이 나를 사랑스럽고, 도움이 되는 사람으로 보는 것이 나에게는 중요하다.
- 나에게 일어날 수 있는 가장 나쁜 일은 나에게 감사하지 않는 사람들 혹은 나를 신경 쓰지 않는 사람들과 함께 사는 것이다.
- 나는 따뜻하고 사랑스러우며 도움이 되는 사람이다.

3유형 성취가

- 나는 주목받기를 원하고, 일을 잘해서 칭찬받고 싶다.
- 다른 사람들이 나를 성공한 사람으로 보는 것이 나에게는 중요하다.
- 나에게 일어날 수 있는 가장 나쁜 일은 내가 무언가를 실패하고, 누군가가 그것을 알게 되는 것이다.
- 나는 자신감이 있고, 경쟁심이 강하며, 매력적이고, 승리자이다.

4유형 예술가

- 나는 이해받고 싶고, 나 자신을 이해하고 싶다.
- 삶의 의미와 목적을 찾는 것이 나에게는 중요하다.
- 나에게 일어날 수 있는 가장 나쁜 일은 사람들이 내게 무엇인가 감정적인 문제가 있다고 생각하는 것이다.
- 나는 사려 깊고 진실하며, 예민하고, 감정적으로 강렬하다.

5유형 사색가

- 나는 내 주변의 모든 것을 알고 싶고, 이해하고 싶다.
- 명료하고 바르게 보는 것이 나에게는 중요하다.
- 나에게 일어날 수 있는 가장 나쁜 일은 내 생각이 잘못되었거나 틀렸다는 것이다.
- 나는 매우 통찰력이 있고, 다른 사람들보다 사물을 더 명확하게 보는 사람이다.

6유형 충성가

- 나는 안전하기 위해 나만의 친근한 그룹에 소속되고 싶다.
- 사람들이 나에게 정직하고, 공정하게 대하는 것이 나에게는 중요하다.
- 나에게 일어날 수 있는 가장 나쁜 일은 내가 믿는 사람이 나를 배신하는 것이다.
- 나는 의지가 강하고 다정하며, 조심스럽다.

7유형 열정가

- 나는 행복하기 위해 흥분되고, 행복한 일을 원하고, 새로운 것을 찾아내서 하고 싶다.
- 다음에 무엇을 할지에 대한 계획을 세우는 것이 나에게는 중요하다. 나는 항상 미래에 대한 계획을 가지고 있다.
- 나에게 일어날 수 있는 가장 나쁜 일은 지루해지고, 빈털터리가 되는 것이다.
- 나는 친근하고 재미있는 것을 사랑하고, 선택한 것은 무엇이든 다 잘할 수 있다.

8유형 도전가

- 나는 통제하고 싶고, 이끌어 가고 싶고, 내가 다른 사람보다 강하다는 것을 보이고 싶다.
- 내 주위의 상황을 통제하는 것이 나에게는 중요하다.
- 나에게 일어날 수 있는 가장 나쁜 일은 내 주위의 일들이 통제 불능이 되는 것이다.

- 나는 차원이 다르고 독립적이며 결단력이 있고 존경을 받는다.

9유형 화합가

- 나는 있는 그대로 유지하는 것, 평화로움을 원한다.
- 모든 사람이 사이좋게 지내는 것이 나에게는 중요하다.
- 나에게 일어날 수 있는 가장 나쁜 일은 누군가에게 "아니야." 라고 말해야 하는 것과 그래서 그 사람이 나에게 화를 내는 것이다.
- 나는 다정하고 태평한 사람이지만, 때로는 매우 고집불통일 수도 있다.

차례

장 장형의 세 유형

가슴 가슴형의 세 유형

머리 머리형의 세 유형

장형의 세 유형

8유형 도전가, 9유형 화합가, 1유형 개혁가 등은 분노로 집단화된다.

8유형 도전가: 외면화된 분노		쉽게 사용됨
강박	⇨	지배
함정		복수
9유형 화합가: 마취된		'잠자는 분노'
강박	⇨	평온
함정		게으름
1유형 개혁가: 내면화된 분노		'정당한' 이유가 없으면
		내면에 담아두기
강박	⇨	완벽주의
함정		분개

성장/발달

• 연민을 가지게 되면 '8유형 도전가'는 '2유형 조력가'처럼 보인다.
• 감정의 폭을 개발하면 '9유형 화합가'는 '3유형 성취가'처럼 보인다.
• 유용한 의도로 분노를 활성화하면 '1유형 개혁가'는 '7유형 열정가'처럼 보인다.

성격의 비통합

- 만약 '8유형 도전가'가 '5유형 사색가'처럼 보이면 반사회적 인격 장애자sociopathic가 될 수 있다.
- 만약 '9유형 화합가'가 '6유형 충성가'처럼 보이면 정신분열증 schizoid으로 나타날 수 있다.
- 만약 '1유형 개혁가'가 '4유형 예술가'처럼 보이면 강박증 obsessive—compulsive이 나타날 수 있다.

날개

- 자기주장이 강한 성격인 '8유형 도전가'는 '7유형 열정가' 쪽으로 치우칠 때 더 자기주장을 하고, '9유형 화합가' 쪽으로 치우칠 때 자기주장을 덜 하게 된다.
- 위축되는 성격인 '9유형 화합가'는 '1유형 개혁가' 쪽으로 치우칠 때 더 위축되고, '8유형 도전가' 쪽으로 치우칠 때 덜 위축된다.
- 순응conform하는 성격인 '1유형 개혁가'는 '9유형 화합가' 쪽으로 치우칠 때 더 순응하게 되고, '2유형 조력가' 쪽으로 치우칠 때 덜 순응하게 된다.

8유형 도전가

스릴 추구자 ◁   ▷ 정치가

8유형 도전가는 지배하려는 모습을 보이고 외부 사건을 통제하여 다른 사람들로부터 존경받기를 원한다. 이러한 성격은 다른 사람들의 힘을 두려워한다. 그것은 육체적인 두려움, 즉 육체적인 연약함이다. 이 성격은 "내가 통제를 못 하는 상황이야." 혹은 "누군가가 나를 통제하려고 해."와 같은 인지된 위협 앞에서 협박하려 하고 폭력적이 될 수 있다. 이러한 성격은 자신이 두려움이 없는 것처럼 보이려 하며, 그것을 증명할 기회를 찾는다.

젊은 8유형은 다른 사람들에게 화를 내고 덤벼들면서 외로움과 자신의 삶을 지배하고 싶은 욕망에 대항한다.

이런 생각으로 볼 때 세상이란 위험하고 약한 사람들을 이용해 먹는 장소이며 복수는 그들이 선택한 무기인 것이다. 8유형이 가장

하기 어려운 일은 적개심을 내려놓고 지배하려는 의지를 놓아 보
내는 것이다.

　이 성격의 의식은 온화함, 부드러움, 연민과 같이 부드러운 감정
을 걸러 내는 경향이 있으며, 또한 에로티시즘을 친밀감으로 대체
하는 등 매우 에로틱하다. 분노는 대개 표면 바로 아래에 있다. 인
간관계에서 8유형은 신체적, 감정적 생존 욕구에 집중하고, 소유욕
이 매우 강한 경향이 있다.

　8유형이 인간관계나 어떤 상황에서 지배하고 통제할 수 없게 되
면 화를 내고 깊은 우울증에 빠지며, 사람들과 재물에 대해 매우 폭
력적으로 변할 수 있다.

영성

　나는 이 성격 유형이 앉아서 하는 명상에 매력을 느끼고 깊게 들
어갈 수 있다는 것을 알게 되었다. 그렇게 하지 못하게 하는 것은
그들이 자신의 부드러운 마음을 발견하게 되는 것이다. 영적 상담
자spiritual counselor는 이들이 부드러운 이면을 발견할 때 격려해 줄 필
요가 있다. 힘과 연민을 통합하는 것은 이 성격에 대한 해방감을 주
는 경험이다.

　이런 통합을 통해 젊은이들은 하느님이 이러하시다는 것을 발견
할 수 있다. 하느님은 사랑을 베풀어 주시고 힘 있는 분이며, 세상
의 억압받는 이들을 위해 투쟁할 사람을 찾고 계시는 분이시라고
느끼게 된다. 일단 하느님이 더 이상 지배적이고 위협적인 존재로

보이지 않는다면 8유형은 보호자이자 정의의 창조자인 인자한 하느님을 체험하고자 매우 충실하고 헌신적일 수 있다.

적용

8유형 도전가는 세 가지 장형 중 하나이고 1유형 개혁가가 분노를 안에 담아 두는 것과 달리 분노를 외부로 표출하는 것이 특징이다. 이러한 성격은 모든 에너지를 방어적인 노력에 쏟기 때문에 매우 카리스마가 있는 것처럼 보인다. 8유형에게 최고의 방어는 강력한 공격이다.

7유형 열정가 날개를 가진 8유형은 천하무적인 자신에게 도전하는 어떤 것이든, 또는 어느 누구든 정복하고 제압해야만 하는 강박관념을 가진 대담무쌍한 존재이다. 어쩌면 어린 시절에 이들은 불쌍한 생명체를 잔인하게 고문하다가 들켰을 수도 있는데, 이는 이들이 분노를 드러내는 방법이고, 자신을 학대하는 세상을 응징하는 방법이다.

9유형 화합가 날개를 가진 8유형은 똑같이 화를 내지만 좀 더 차분할 것이다. 이는 이 날개 유형이 분노를 그렇게 많이 느끼지 못하기 때문이다. 이 8유형은 갈등에 개입하기보다는 갈등을 조정할 것이다. 그 결과 이 날개 유형은 쉽게 좌절하고 폭발할 수 있다.

장 유형에 속하는 다른 두 유형과 같이 8유형은 내면에 있는 분노를 직면하고 그것을 건설적으로 다룰 필요가 있다. 8유형은 엄청난 양의 육체적 에너지(특히 7날개를 가진 8유형)를 가지고 있는데,

이 에너지를 소비할 필요가 있다. 8유형은 코치의 꿈이자 악몽이다. 8유형은 코트나 경기장에서의 육체적인 시합에 대한 갈증이 있지만 그와 동시에 코치가 되고 싶어한다.

8유형은 반사회적인 행동을 가장 많이 하는 성격이다. 이들은 매우 다정하며, 외향적이고 권위자들의 '턱수염을 잡아당기는' 것을 좋아하는 사람들이다. 그러나 만약 그들이 권위에 의해 너무 억눌린다고 느낀다면 그들은 몹시 폭력적이 될 수 있다. 얼마나 폭력적인지는 그들이 그들 내부에서 얼마나 특유의 자제력을 길러 왔느냐에 달려 있다.

이런 성격 유형은 마약을 거래하는 길거리 갱단의 무자비한 우두머리나 학교 축구팀의 용감한 주장이 될 수도 있다. 8유형이 도둑질하다가 걸리면 그들은 훔친 물건을 손에 든 채 당신의 눈을 똑바로 쳐다보면서 모든 것을 부인할 것이다.

8유형은 아주 바른 지도자가 될 수도 있고, 양심이 없는 완벽한 소시오패스가 될 수도 있다. 이 성격은 불사신처럼 보이지만 사실은 그렇지 않다. 이들도 다른 사람들처럼 존경과 우정을 원한다. 이들이 이해하고 인정해야 하는 것은 위협에서 오는 존중과 우정은 다른 사람들에게 친절하고 도움을 준 결과에서 오는 존중과 우정과는 다르다는 것이다.

8유형의 어떤 날개 유형도 자기를 보여 주는 데 솔직하지 못한 경향이 있고 둘 다 이야기를 지어내는 경향이 있으며, 이와 동시에 좋게 보이기 위해 실수와 약점을 드러내 보이기 쉽다.

만약 8유형이 긍정적인 태도를 취하는 것이 오래 지속되고 안전한 반면에 파괴적인 행동은 취약하며 그나 그녀에게 적대적이 될 수 있다는 것을 깨닫고 인정할 수 있다면 8유형에게 친절함이 잔인함보다 더 유용하다는 말이 설득력을 얻을 것이다.

6유형 충성가는 8유형이 가진 천하무적의 특성을 갖고자 하는 욕망 때문에 가끔 8유형과 동일시한다. 그러나 싸움에서 8유형은 앞으로 돌진하고 6유형은 뒤로 물러나 말_horses_을 돌보는 일을 선호할 것이다.

6유형도 반사회적(소시오패스적인) 행동을 보일 수 있지만 그 원인은 세상의 요구에 대한 분노에 찬 항의로, 강한 불안감에서 비롯된 것이다. 6유형이 결코 충족시킬 수 없는 기대이며, 그래서 요구되지 말아야 할 기대에 반항하는 분노인 것이다. 8유형의 반사회적 행동은 아집에 관한 그들의 신성한 권리에 도전을 받는 데서 비롯된다.

엄청난 스트레스와 또래들의 압력으로 다른 성격의 청소년들도 이런 행동을 보이기도 하지만 오직 8유형만이 주된 특징으로 복수를 한다. 보복하는 것은 종종 사회적 혹은 문화적 배경에서 배우는 행동이다. 8유형에게 복수는 본능이다.

청소년들에게는 날개 유형이 아직 명확하게 정해지지 않는다. 날개 유형은 20대 중반이 되어서야 완성된다.

상담자는 자신의 관찰과 경험에 의존할 필요가 있다. 당신도 알고 있겠지만 너무 서둘러 유형을 확정하는 것은 오히려 역효과를 가져온다.

네 방향의 영향

평화의 길

나는 사랑한다.
[조력가]

나는 열정적이다.　　　　나는 고귀하다.　　　　나는 보호자이다.
[열정가]　　　　　　　　　[도전가]　　　　　　　　[화합가]

나는 방어적이다.
[사색가]

'8유형 도전가'가 '2유형 조력가'처럼 보일 때

8유형은 타인에 대한 순수한 사랑으로 자기중심에서 벗어나 다른 사람들을 위한 챔피언이 된다. 건강한 2유형의 동정심, 건강한 9유형의 부모 본능, 건강한 5유형의 지각력, 건강한 7유형의 자발적인 기쁨을 습득한다.

격정의 길

나는 교활하다.
[조력가]

나는 쾌락주의자이다.　　　　　나는 복수심에 불타고 있다.　　　　　나는 고립되어 있다.
[열정가]　　　　　　　　　　　　　[도전가]　　　　　　　　　　　　　[화합가]

나는 포위되었다.
[사색가]

'8유형 도전가'가 '5유형 사색가'처럼 보일 때

8유형이 복수심으로 가득 차게 되면 불건강한 5유형처럼 자신이 포위당한 것처럼 보고, 불건강한 9유형처럼 사회적으로 유리되고, 불건강한 2유형처럼 이기적으로 조종하게 되고, 불건강한 7유형처럼 이기적인 쾌락의 세계로 뛰어들게 된다.

상담 접근법

- 그렇다, 당신은 사랑스럽고 배려심이 많은 사람이다. 일단 사람들이 당신을 신뢰하게 되면 그들은 당신에게 충성할 것이다.
- 그렇다, 당신이 다른 사람들과 친해지는 비결은 그들과 협력하는 것이다.
- 그렇다, 당신이 다른 사람들의 필요와 두려움을 알고 친절하게 대한다면 그들은 당신을 공격하지 않을 것이다.

• 그렇다, 나는 당신이 삶의 즐거움이 나눔에 있다는 것을 깨닫게 될 것을 확신한다. 그리고 당신이 너무 욕심을 부리면 그 즐거움이 당신에게 등을 돌린다는 것을 깨닫는 것도 중요하다.

당신은 개인적인 힘을 많이 가진 축복받은 사람이다. 당신은 이 힘을 선한 곳이나 또는 해를 끼치는 곳에 쓸 수 있다. 당신의 힘을 선한 곳에 쓸 때 세상은 당신을 사랑하고 존중할 것이다. 만약 당신이 힘을 악한 곳에 쓰면 세상은 당신에게 등을 돌리고, 당신은 비참해질 것이다. 이것은 모두 당신의 선택이다.

도전가에 대한 설명

개괄적 묘사

만약 당신이 진정으로 도전가라면 당신은 살아남기 위해 다른 사람들을 제자리에 가만히 두어 다른 사람들이 당신을 지배하지 못하도록 매우 강압적이고 강인해야 한다고 느꼈던 가정에서 자랐을 것이다. 만약 당신이 그들을 '제압하지' 않는다면 그들은 '당신을 짓밟을 것'이라고 느낀다. 많은 사람은 자기들이 두려움이 없다고 믿고 싶어하지만 그들은 그런 척을 많이 하는 것이다. 그러나 당신은 그런 척하는 것이 아니다. 당신은 겁이 없다.

통제권이 당신의 주요 초점이다. 그것이 당신의 가장 큰 힘이다. 당신이 주위의 세상을 관장하고 있다는 것은 당신에게 매우 중요하다. 당신은 자립하고, 자신감이 있고, 스스로 시작하고, 공격적인 진정으로 극렬한 개인주의자이다. 당신은 육체적인 힘보다 의지가 강한 성격의 힘을 통해 통제한다. 당신은 물리적인 힘을 쓸 필요가 없다. '노려보는 것'만으로도 상대방이 물러날 것이다. 오직 당신이 다른 도전가와 대면해야 할 때에만 물리적인 방식으로 일을 처리할 것이다. 심지어 그때도 당신은 다른 도전가를 존중하기 때문에 물리적인 방식은 거의 쓰지 않는다. 서로 두려워하기 때문이 아니라 서로를 존중하기 때문에 보통 둘 다 함께 살 수 있는 어떤 종류의 합의를 해내게 될 것이다.

당신은 성격의 힘을 사용해서 '놀라운 일'을 하고, 보기를 즐기기 때문에 도전하는 것을 즐긴다.

당신에게 명예와 용기는 중요하다. 당신은 엄청난 양의 에너지와 선한 의지를 가지고 있다. 사람들은 자연스럽게 당신에게 리더십을 기대한다. 왜냐하면 당신은 외향적이고, 책임을 지고, 훌륭한 주최자이기 때문이다. 당신의 상태가 최고조일 때, 당신은 아무에게나 휘둘리는 사람들의 요구에 민감하다. 당신은 그들의 보호자가 된다. 당신은 스스로를 돌보는 사람들을 보고 싶어하며, 당신은 진실로 노력하지만 때때로 도움이 필요한 사람들을 돌본다.

당신의 성격이 너무 강하기 때문에 다른 사람들의 힘을 시험할 필요가 없을 때에도 당신은 다른 사람의 힘을 시험하면서 '강압적인 사람'이 되기 쉽다. 당신의 리더십 없이도 일이 잘 풀릴 때조차 당신은 책임을 지려는 경향이 있다. 그 결과 당신은 사람들에게 권한을 주기보다는 사람들로부터 권력을 빼앗는 경향이 있다.

당신의 상태가 최악일 때, 나약하고 소심하다는 것만으로 다른 사람들을 가혹하게 판단한다. 당신이 비난을 받고 있다고 느낄 때, 당신은 분노하고 본능적으로 대결 자세를 취하게 된다. 당신은 자신의 힘과 중요성에 대한 과장된 감각을 발달시키고, 다른 사람들에게 자신을 강요한다.

당신은 잘 조직하고 이끌어 나가지만, 새로운 상황에 처하거나 일이 뜻대로 되지 않을 때 매우 분노하고, 공격적이고, 강한 복수심을 가지고 불공평해질 수 있다. 당신은 불량배로 변한다. 당신은 입을 삐죽 내밀고, 다른 사람들에 대한 사랑과 관심은 오직 자기 자신만을 위한 사랑과 관심으로 변한다.

비록 당신이 (필요를 느끼지 않아) 물리적인 힘을 사용하지 않는 것을 선호하지만 주변 사람들을 지배하기 위해 당신의 힘을 행사하는 것은 당신에게 매우 물리적인 경험이다. 당신의 힘에 대한 감정은 매우 즐거운 물리적 감정이다.

이 감정은 당신의 사랑하는 연애 관계로 흘러갈 수 있다. 당신이 조심하지 않는다면, 당신은 자신의 짝을 지배하는 사자처럼 행동할 수 있다. 그러나 당신이 존중하는 유일한 짝은 제정신이 아닌 당신을 멈추게 할 수 있는 사람이다.

당신이 자기 자신으로 가득 채워져 있다면 "홍수로 불어난 물도 도로 밀어낼 수 있다."고 느낀다. 다른 사람에게 자신을 강요하는 과정에서, 당신은 넓은 마음을 가진 지도자에서 벗어나 억압적이고, 폭력적인 독재자로 변하여 자신의 절대적인 권위에 도전할지도 모르는 사람에게 복수하게 될 것이다. 적들의 수는 나날이 늘어간다. 그리고 당신은 전에 경험하지 못한 것을 경험하기 시작한다. 그것은 두려움이다.

당신은 힘이 빠져나가는 것을 느낄 것이고, 약함과 무기력함을 느끼기 시작할 것이고, 피해망상적이 되어 가고, 폭력적이 될 것이다. 한때 당신은 다른 사람의 안녕과 행복을 걱정했던 적이 있었다. 지금은 상황이 바뀌었다. 당신의 삶에서 보호가 필요한 사람은 오직 한 사람 자신뿐이다. 당신은 자신을 보호하기 위해 앞에 있는 사람들을 몰아낸다.

당신이 한때 철권통치를 했던 모든 '힘없는 사람들'에게 공격을 당해서 당신은 결국 요새에 숨어 있게 된다. 더 이상 홍수를 막을 수 없게 되고, 항상 피하고 싶었고 그렇게 잘 막아 왔던 한 가지 일이 일어난다. 당신은 제압당했다.

조언

당신은 양날의 검과 같은 강한 성격을 가지고 있다. 당신의 행복과 안정은 자신이 그것을 어떻게 쓰는지에 달려 있다.

만약 당신이 인류의 평범한 일원이라는 것을, 동료들 중에 재능이 있는 한 사람임을 기억할 수 있다면 당신은 선을 위한 엄청난 힘이 될 수 있다. 모든 성격은 각각의 특별한 재능이 있다. 당신만이 재능이 있는 것은 아니다. 남들이 가진 재능을 보는 법을 배우라. 몇몇 사람은 지혜라는 재능을 가지고 있다. 당신은 그것이 필요하다. 다른 사람들은 동정심이라는 재능을 가지고 있다. 당신도 그것이 필요하다. 어떤 사람들은 결코 지도자가 될 수 없었지만, 그들은 당신이 그들에게 잘해 주면 당신의 뒤를 보호해 주는 매우 충실한 친구가 될 수 있다. 그러나 당신이 그들에게 악하게 대한다면 그들은 당신의 숨겨진 적이 될 수 있다.

'약한 사람들'이란 없고 단지 다른 종류의 사람들이 있을 뿐이다. 당신이 산 위의 왕이 되고, 그 자리를 지킬 수 있는 것은 오직 그 산이 허락할 때이다. 산들은 버럭 화를 낼 수 있다.

당신을 유효한 지배자로 만들어 주고 유지시켜 줄 수 있는 것은 친절함이다. 힘과 친절함은 타의 추종을 불허하는 무적의 조합이다. 다른 한편으로 힘과 오만함은 파괴적인 조합이다. 궁극적으로 자기 파괴적이다. 이것이 바로 당신에게 친절함의 영성이 필요한 이유이다.

두 가지의 길

건강과 성장의 길

너그럽고 마음이 넓은 사람이 되고, 자제력이 있고, 용기 있고, 자신감 있고, 타고난 지도자이며, 다른 사람들에게 영감을 주는 사람이 되기 위해 노력하라. 건강한 8유형은 다른 사람들의 존경받는 보호자이고, 그들이 독립적이고 강하게 성장할 수 있도록 돕는다.

경고(문제 발생의 징조)

거만해지는 것, 항상 책임져야 할 필요성이 있는 것, 다른 사람들에게 명령할 수 있는 상황에 있어야 하는 것, 지나치게 자기주장을 굽히지 않는 것, 정말 그럴 필요가 없을 때 복수할 필요가 있다고 느끼면서 적을 찾거나 만드는 것

불건강과 붕괴의 길

주변 사람들을 통제하지 못할까 봐 도전가들은 어떤 조언도 듣지 못한다. 그들은 다른 사람들이 그들을 파괴하려 한다는 매우 과대망상적인 두려움을 갖게 된다. 이들은 불량배가 되어 결국에는 실재하는 적과 상상 속의 적들(자기 뜻에 따르지 않는 사람)에 대한 복수를 노리는 무자비한 독재자가 된다. 이들은 최고의 자리를 차지하기 위해 그들이 해야 한다고 생각하는 모든 것을 할 것이다.

성장의 단계

① 타인의 감정을 진정으로 배려하는 사람이 되라. 그들이 독립적이고 강해지도록 도우라. 이것이 바로 당신이 존재하는 방식이다. 다른 사람들도 이 방법으로 도우라.

② 당신의 내면에 더 많은 주의를 기울이라. 당신 안에 있는 온화한 사람을 알아가고 사랑하라. 이를 행하는 것은 당신을 인류의 완전한 일원(정회원)이 되고도 남을 수 있도록 도와줄 것이다.

③ 당신이 할 수 있는 최선을 다하고 그것에 만족하라. 그것이 단순히 좋은 방법이기 때문에 더 잘하기 위해 계속 노력하라. 당신의 목표는 다른 사람을 지배하는 것이 아니라 다른 사람들과 함께 좋은 일을 하는 것이다.

④ 다른 사람들과 함께 선하고 가치 있는 일을 하라. 다른 사람들과 같이 행하라. 왜냐하면 그들도 소중한 재능을 가지고 있기 때문이다. 그것은 당신이 가지지 못한 재능이다.

⑤ 우리 세상의 많은 부분인 모든 친절함과 아름다움에 대한 훌륭한 관찰자가 되라. 이런 선함을 느끼는 법을 배우라. 당신의 경험을 통해 배우라. 여기에는 실수는 없고 단지 배움의 기회만 있을 뿐이다.

이제 당신은 독재자가 아닌 리더가 될 수 있다. 당신이 다른 사람들과 함께하고 보살피는 법을 배웠기 때문에 당신은 책임자가 될 수 있다.

당신의 영성

영성은 세상에서 당신의 위치를 인식하는 것이고, 자신의 중심과 다른 모든 것을 관련시키는 것이다. 만약 당신이 그 자리를 잘못 파악한다면 어떤 일도 잘 되지 않고, 인생이란 목적 없는 방황이 될 것이다.

비밀리에 당신이 깊은 곳, 즉 자신의 장으로 깊이 들어가게 되면

누군가에게 맹목적으로 충성하고, 자신이 절대적으로 믿을 수 있
는 누군가로부터 보호받고 보살핌을 받고 싶어할 것이다. 당신은
항상 경계심을 잃지 않고 항상 책임져야 하는 것을 정말 원하지 않
는다.

　당신의 힘은 스스로 만든 것이 아니다. 당신이 그것을 만든 것이
아니다. 당신의 주머니에 있는 것을 발견했을 뿐이다. 그것은 어디
에서 왔을까? 왜 그것이 당신에게 주어졌을까? 만약 당신이 제대로
사용하지 않는다면 빼앗길 수도 있을까?

　당신은 힘의 근원에 닿아야 한다. 당신의 더 높은 힘, 그것은 하
느님이다. 그렇지 않다면 당신은 공급원을 넘어서서 자신이 단절
되고 고립되어 있다는 것을 알게 될 것이다.

　이 근원은 당신이 볼 수 있거나 확인할 수 있는 것이 아니라 오직
느낄 수만 있다. 당신이 그 힘을 느낄 때, 하느님이 당신에게 준 특
별한 재능을 경험할 것이다. 그 재능을 제대로 사용하기 위해서 당
신은 그 근원이 어디인지 알아야 하고 존중할 필요가 있다.

　수 세기 동안 많은 도전가가 근원에 닿기 위해 사용해 온 한 가지
방법은 명상 혹은 앉아서 하는 명상을 통해서이다. 이 훈련을 하는
동안 당신은 등을 곧게 펴고 조용히 앉아 눈을 감고(혹은 눈을 살짝
뜨고) 머릿속에 떠오르는 생각을 떨쳐 버릴 수 있도록 최선을 다한
다. 그것은 마치 빠르게 흐르는 개울가에 앉아 나뭇잎과 잔가지들
이 오는 것을 보고 그것을 알아차린 다음 그것들이 당신의 시야를
지나 흘러가는 것을 보는 것과 같다.

　4유형 예술가, 5유형 사색가, 7유형 열정가에게도 적용할 수 있
는 이런 방식은 생각, 기억, 감정 들이 떠오르도록 하고 그들을 놓

아 보내는 기술이다.

처음에는 이 훈련이 당신에게 지루할 것이다. 그리고 단지 짧은 시간 동안만 할 수 있을 것이다. 괜찮다. 당신이 점차 시간을 멈추게 하고, 생각과 감정이 떠오르고, 당신의 머리와 가슴에서 무슨 일이 일어나는지 알게 되고, 모든 것을 놓아 주는 자신감을 가지게 될 때 지루함이 멈추게 될 것이다.

이렇게 하는 몇몇 사람들은 그들에게 오는 생각과 감정을 피하려고 노력한다. 이건 잘못하는 것이다. 당신은 모든 것을 통제하고 싶어하는 경향이 있다. 당신은 그저 모든 것이 일어나도록 내버려 두는 것이 필요할 것이다.

당신은 알지 못하는 분노를 가지고 있다. 그 분노가 다가오게 하고 불에서 나오는 연기처럼 사라지도록 두라. 당신의 장에서 나오는 에너지가 자신의 몸을 통해 솟아오르게 하고, 가슴을 채운 다음 숨을 내쉬라. 이것은 이상하게 보일지 모르지만, 그렇게 하면 우리의 분노, 힘, 신체(장, 보디)의 에너지가 가슴 에너지로 변하여 더욱 친절하고 온화한 사람이 될 것이다. 그리고 당신의 에너지가 자신의 목구멍으로 솟아오르게 하고, 머리를 가득 채우도록 하라. 이것은 매우 강력한 영적인 경험이 될 것이다. 이것을 통해 당신은 자신의 힘이 어디에서 왔는지 알게 될 것이다.

날개 유형

두 유형의 도전가가 있다.

스릴 추구자(7날개를 가진 8유형)

당신은 모든 성격 유형 중에서 가장 공격적이고 독립적이다. 당신은 매우 외향적이고, 에너지로 가득 차 있고, 행동 지향적이다. 당신은 흥분, 재미, 즐거움, 부를 찾아 나선다. 당신은 화를 잘 내는 '욱' 하는 경향이 있다.

당신은 삶에서 즐거운 것들을 찾는 사람이다. 당신은 알코올, 마약, 섹스, 음식 중독으로 인해 독립성을 잃을 수 있다. 돈으로 살 수 있는 모든 것에 중독되는 것이다. 당신은 대담하고 큰 위험을 감수하는 일이 주는 흥분에 중독될 수 있다. 독립적이고 당신만의 일을 함으로써 자신이 찾는 것들에 사로잡힐 수 있다.

당신은 우정과 연인 관계에서 매우 강압적인 성향이 있고 사람들을 이용하여 앞으로 나아가려는 경향이 있다.

당신의 상태가 최고조일 때, 훌륭한 리더십을 가지고 있다. 그리고 당신은 대부분의 사람이 그냥 넘어가는 도전을 기꺼이 감수할 것이다. 당신은 사자의 소굴에 들어가서 맹수를 길들일 수 있는 그런 사람이다.

당신은 사회에서 매우 가치 있고 존경받는 사람이 될 수 있지만, 만약 다른 사람에 대한 존중이 없다면 당신은 매우 위험한 사람이 될 수 있다. 규칙을 어기고 '다른 사람들의 마음에 있는 두려움을 공격하는 것'이 당신에게 재미있는 일일 수도 있겠지만, 만약 당신이 이렇게 하는 것에 너무 열중한다면, 만약 당신이 너무 심하게 밀어붙이면, 만약 사람들에게 너무 심하게 하면, 그들의 두려움은 분노로 변하고, 분노는 당신에 대한 폭력으로 변할 수 있다.

당신의 상태가 최악일 때, 당신은 무자비하고, 폭력적이고, 파괴적으로 될 수 있다. 맹수를 길들이는 대신에 그 맹수들 중 하나가 될 수 있다. 당신의 상태가 최고조일 때, 당신은 생명의 은인이 될 수 있다. 그러나 당신의 상태가 최악일 때, 당신은 목숨을 빼앗는 사람이 될 수 있다.

당신은 보다 더 사람을 사랑하는 사람이 되어야 한다. 그렇지 않으면 당신은 친구도 없이 많은 적과 함께 있는 자신을 발견하게 될 것이다. 다른 사람의 이익뿐만 아니라 자신의 이익을 위해서 당신은 사람들에게 자신이 친절하고 사랑스럽다는 것을 보여 줄 필요가 있다. 오만과 탐욕이 당신을 붙잡도록 내버려 둔다면 위험한 사람이 될 것이다.

정치가(9날개를 가진 8유형)

정치가는 현명한 정치적 지도자이다. 당신은 조용한 힘과 강인함을 가지고 있다. 당신은 쉽게 화내지 않는다. 당신의 성격이 가진 힘으로 싸우는 사람들을 한데 모으고 그들이 서로 협력하도록 할 수 있다.

당신은 가족과 친구들이 어떤 방식으로든 위협을 받을 때에만 공격한다. 당신은 성격이 느긋하지만, 일이 닥치면 그 일을 맡아서 한다. 그리고 분별 있는 사람은 누구도 당신의 권위에 의문을 갖지 않는다.

당신의 상태가 최고조일 때, 당신은 의지가 강하고 온화한 사람이다. 당신은 아이들과 자연 둘 다에 친밀감을 가진다. 당신은 대부분의 사람이 겪는 불안, 두려움, 불확실함을 경험하지 못한다. 당신은 두 얼굴을 가지고 있다. 공적으로는 외향적이고 강압적이다. 그러나 사적으로는 온화하고 느긋하다.

당신은 자연을 통해 보이지 않는 힘의 근원을 추구하는 영성에 끌리게 된다. 그 안에서 자신의 힘의 근원을 발견한다.

당신이 천성적으로 사람들을 사랑하는 사람일지라도, 당신은 여전히 강한 의지를 가진 사람이다. 일이 뜻대로 되지 않을 때, 너무 좌절하고 화를 내게 되면 당신은 무감각해지고, 맹목적인 분노에 빠지면서 사람에 대한 사랑이 사라지고, 자신이 사랑하고 존중해 온 모든 사람과 모든 것을 공격하게 된다.

당신이 사람들과 모든 것을 원하는 대로 만들기 위한 노력과 있는 그대로를 받아들이는 것 사이에 거리를 두는 법을 배움으로써 당신은 이를 피할 수 있다. 가능한 자주 혼자서 낚시하는 시간을 보내고, 당신 주위에 있는 선함과 아름다움을 편안히 즐기라. 당신이 지나치게 심각해지는 것은 좋은 징조가 아니다.

끝맺으며

인류가 배우게 된 위대한 지혜의 한 조각은 힘의 근원이 연민이라는 것이다. 즉, 친절하고 배려하며 용서하는 사랑이라는 것이다. 연민은 이기심, 오만, 미움으로 인해 왜곡되어 잔인한 복수로 변할 수 있다.

악은 선과 분리된 힘을 가지고 있지 않다. 인간의 마음과 인간의

의지는 모든 인간이 가지고 있는 선함의 힘을 빼앗아 파괴적인 에너
지로 바꿀 수 있고, 종종 그렇게 한다. 악은 선함이 뒤집힌 것이다.

　당신의 위대한 재능은 다른 사람들이 안정과 안전함을 느끼게
하는 능력이고, 사람들은 자연스럽게 그 대가로 당신에게 충성하
고 싶어한다.

　이 재능을 존중하고 잘 사용하라.

9유형 화합가

사람 지향의 화합가 ◁   ▷ 개혁적인 화합가

9유형 화합가는 평화롭고 느긋한 태도를 가지고 있으며, 내면과 외면의 평온을 추구한다. 이러한 성격은 외부 세계의 변화를 두려워하는데, 이 변화가 자의식을 잃게 만드는 무서운 일을 야기하기 때문이다. 9유형은 자연과의 관계, 가족과의 관계, 사회적 환경을 통해 자의식과 자아존중감을 확립한다. 개인이나 가족이나 또래와의 관계에 변화가 있을 때, 삶의 상황이 바뀌는 일이 일어날 때, 이 성격은 스트레스를 받게 되며, 모든 것이 원래대로 돌아오기를 바란다. 9유형은 몹시 저자세를 취하고 다른 사람과의 관계를 유지하기 위해 개인적인 욕구를 부인할 것이다. 분노를 표출하는 것은 평온을 파괴하기 때문에 이 성격은 그것을 부정하고 계속 회피하려고 한다.

젊은 9유형은 외로움의 고통을 무감각하게 함으로써 처리하고 자신의 삶을 지배하려는 자연스러운 욕망을 다른 중요한 사람의 소원을 들어주는 데 내어 준다. 9유형은 너무 많이 이용당하거나 또는 소중한 타인과의 관계에 지나치게 갈등이 생길 때와 같이 지나치게 밀어붙이는 경험을 할 때 폭발적인 분노가 일어난다.

9유형은 이런 생각으로 모든 것이 평화로운 환상의 세상을 창조하는 경향이 있다. 외부의 현실로 인한 스트레스가 많아질수록 9유형은 더 자의식을 잃고 더 강박적이 되어 환상의 세계로 후퇴한다. 게으름, 우유부단함, 스스로 행동하지 않는 것은 이 성격의 자기파괴적인 특징이다.

9유형의 의식은 강하고, 거칠고, 적대적인 감정을 걸러 내며, 그 중 가장 거부당한 감정은 분노이다. 이런 성격은 감정적으로 무뚝뚝하고 무뎌질 수 있다.

9유형은 매우 약한 자의식을 가지고 있다. 9유형은 개인적인 관계에서 강한 정체성을 가진 누군가를 찾고, 다른 사람과 동화하여 남들 앞에서 자기 자신을 잃는 것으로 자의식을 찾는다.

영성

9유형의 본능적인 영성은 자연 및 양육의 영성이다. 이런 성격은 자신의 주위를 둘러싼 자연을 사색하는 것을 즐긴다. 도시에서 자라나는 청소년들은 이런 종류의 환경을 찾기 힘들지만 비둘기를 기르거나 애완동물을 돌보는 것이 좋은 대안이 될 수 있다. 9유형은 자연과 동물과 직접 교감하는 것을 통해 힘과 위안을 얻을 수 있다.

영적 상담자는 이런 관계를 이용하여 9유형이 자신의 강점, 선함, 유용성을 알아차릴 수 있도록 이끌 수 있다. 이 성격은 조만간 하느님을 경험할 수 있으며, 친절하고 보살펴 주며, 거의 실체적인 존재를 경험한다. 9유형에게 가장 필요한 것은 양육nurture을 받는 것이다. 성격으로부터의 이러한 해방은 이 성격 유형의 가장 훌륭한 양육의 재능인 다른 사람들에게 힘을 주고 평안하게 하는 것으로 자신의 관심과 애정을 쏟는 능력을 발견하는 것이다. 이를 통해 9유형은 꼭 필요한 자아존중감을 개발한다.

적용

9유형 화합가는 8유형 도전가, 1유형 개혁가와 함께 장형의 세 가지에 속한다. 9유형 역시 분노에 대한 문제를 가지고 있는데 분노는 확실히 존재하지만 휴면 중이다. 9유형은 모든 사람과 친밀한 관계를 원하므로 분노를 의식 밖으로 밀어내려 한다. 그러나 분노가 표면으로 떠오를 때 9유형은 보통 그로 인해 놀라고, 두려워하며, 분노에 대해 사과하거나 그것을 기억하지 못하도록 할 것이다.

많은 종교적인 신화에는 종종 평온의 낙원과 신과 자연과의 합일이 묘사되어 있다. 그런데 무엇인가가 나타나서 그 낙원을 파괴해 버렸다. 이것이 바로 9유형의 원초적인 감각이다. 9유형은 잃어버린 낙원을 찾고 있다.

8날개를 가진 9유형은 어린 시절의 실제 혹은 상상의 기억과 감정에 매달리려고 노력함으로써 잃어버린 낙원을 되찾고자 한다. 어른의 세계로 나아가는 것은 낙원을 되찾을 기회를 영원히 잃는 것이다. 1날개를 가진 9유형은 낙원이 현재에 존재하기를 바란다.

이 두 가지 9유형은 그가 현실의 세상을 걷고 있어도 부분적으로는 다른 세상에서 사는 특징을 가지고 있는데 이는 종종 멍하게 있다고 표현된다. 이것이 좋은 성격 묘사는 아니지만 정확한 묘사이다.

9유형은 친절하고 겸손한 성격을 가졌기에 아름다운 사람들이다. 대부분의 다른 성격의 공통적인 반응은 "내가 그렇게 되어 이 세상에서 살아남을 수만 있다면……"이다. 그러나 불행하게도 오직 9유형만은 그렇게 할 수 있다.

9유형은 너무 심각해지지 않는 경쟁을 즐긴다. 심각해지면 재미도 멈추고 게임도 끝나게 된다. 9유형은 사회적으로 수용 가능한 방식으로 분노를 표출하는 방법으로 짓궂은 농담을 하는 것을 좋아하며, 유사한 방식으로 잘 들어 맞는다면 흔쾌히 정정한다. 9유형은 '어리숙하다'는 소리를 친근한 미소와 함께 듣는다면 개의치 않는다. 그렇지 않다면 당연히 그들은 화를 낼 것이다.

8날개를 가진 9유형은 자주 수행해야 하는 과업들을 피하려고 하는 모습 때문에 6유형 충성가처럼 보이지만 이들은 단지 방해를 받기 싫어하는 것이다. 이 날개 유형은 매우 감각적이고 육체적이며, 어떤 일을 하는 주된 이유는 재미가 있기 때문이다.

1날개를 가진 9유형은 9날개를 가진 1유형처럼 개혁가이다. 두 개혁가의 차이점은 젊은 9유형의 개혁가는 더 나은 세상을 바라고 젊은 1유형의 개혁가는 더 나은 세상이 지금의 현실이 아니라는 사실에 분개한다는 것이다.

이 두 개혁가 모두 활동하지 못하게 될 수 있다. 9유형의 개혁가는 게으르기 때문이고, 1유형의 개혁가는 실수를 하는 것에 대한 두려움 때문이다. 사실 이들의 차이는 미미하다.

젊은 9유형은 문제를 해결하기 위해 좀처럼 상담을 받지 않는다. 만약 9유형이 자발적으로 찾아온다면 이야기를 잘 들어주는 자상한 어른과 친근한 관계를 맺고 싶은 욕망 때문일 것이다. 이 관계를 통해 그들에게 매우 필요한 자의식을 키울 수 있기 때문에 이것은 9유형에게 몹시 중요하다. 상담자는 종종 이들에게 상담이 잘 진행되고 있는지 궁금해할 수 있지만(그리고 상담을 허가해 준 교사와 학교 관계자들도 그렇다.), 실제로는 9유형의 내부에서 많은 일이 일어나고 있으며, 9유형은 주목을 받고 보살핌을 받는 것에 매우 감사하고 있다. 만약 상담자가 친절하고, 인내심이 있고, 부드럽게 요구한다면 상담 관계를 통해 9유형은 필요한 동기부여를 획득할 수 있고, 자기 계발 목표를 추구할 수 있다.

9유형은 보통 진짜 감정을 말로 표현하는 것을 어려워한다. 상담에서도 9유형은 매우 다분히 침묵을 지키려 하는 경향이 있다. 비록 그럴 수도 있지만 이것이 반드시 회피나 저항이라고 할 수는 없다. 대개 그들은 그저 할 말을 생각하려고 하는 것이다.

9유형은 기다려 주는 당신의 인내심에 감사할 것이고, 그나 그녀가 말을 하기 시작할 때 그것은 아마도 지금-여기Here and Now에서 일어나는 일상적인 일들이 될 것이다.

나는 상담자가 내담자가 말하는 것에 익숙해졌을 때 잠시 동안 이야기만 하게 내버려 두라고 제안한다. 지금까지 말한 것을 대화의 출발점으로 삼는다면 상담자가 실질적인 문제에 대해 부드럽게 언급하는 것은 괜찮다.

이들은 심판하지 않고 들어주는 사람이 필요하다. 일단 당신이
내담자와 라포rapport를 형성하고 내담자가 말하는 것에 익숙해지면
그 또는 그녀는 매우 재빨리 말을 할 것이다. 일련의 상담 이후에
이들은 아마도 자신이 말해야 할 것을 불쑥 말할 것이다. 당신이 보
여 주는 느리고 지지적인 반응은 내담자를 편안하게 해 줄 것이다.

만약 내담자가 심각하게 위축되었거나 내담자가 밝히는 것들이
심하게 망상적인 내용이 있을 때 아마도 이 배경에 아동학대나 성
추행과 같은 숨겨진 트라우마 경험이 있을 것이다. 내담자로부터
'단서'가 없는 한 이를 좇지 않는 것이 가장 좋다. 내담자를 편안하
게 해 주고 지지해 주는 라포를 유지하는 것이 여기서 가장 중요한
일이다.

9유형의 시간 감각은 매우 느리지만 상담 진행이 잘되어야만 한
다는 어떤 불안도 금방 알아차릴 것이다. 너무 명백하게 밀어붙이
는 것은 아마도 수동적인 저항을 자극할 것이다.

2유형은 가끔 자신을 9유형과 동일시하지만 둘 사이의 차이점은
쉽게 눈에 띈다. 9유형은 회피하는 성격인 반면 2유형은 극성스럽
게 외향적인 성격이다.

나는 특히 젊은이들이 심각한 가족 문제에 대처하려고 할 때 여
러 가지 다른 성격 유형들이 자신을 9유형으로 동일시하는 경향이
있다는 것을 알게 되었다. 나는 성격 유형을 결정하기 전에 젊은 내
담자들이 당면한 가족 문제를 해결하는 것을 돕는 것이 최선이라
는 것을 알았다. 내담자가 그 문제를 다루는 방식을 통해 그 사람의
성격 유형을 알 수 있을 것이다.

팔머Palmer[1]는 이러한 성격을 수동적/공격적, 강박적/충동적, 활동적/양가적이라 묘사하고 있으며, 리소Riso[2]는 동일한 성격을 의존성 인격장애와 정신분열성 인격장애의 관점에서 설명한다.

임상적 설명의 차이는 날개의 한쪽 또는 다른 쪽 날개에 초점을 맞춘 결과일 수 있다. 양 날개 중 어느 것에 중점을 두는지에 따른 결과일 것이다. 나는 1날개를 가진 9유형의 경우에는 팔머의 설명이 적합하다고 생각하고, 8날개를 가진 9유형의 경우에는 리소의 설명이 잘 맞는 것 같다고 생각한다.

청소년들에게는 날개 유형이 아직 명확하게 정해지지 않는다. 날개 유형은 20대 중반이 되어서야 완성된다.

상담자는 자신의 관찰과 경험에 의존할 필요가 있다. 당신도 알고 있겠지만 너무 서둘러 유형을 확정하는 것은 오히려 역효과를 낸다.

네 방향의 영향

평화의 길

나는 주장한다.
[성취가]

나는 자신 있다.　　　나는 중요한 사람이다.　　　나는 원칙적이다.
[도전가]　　　　　　　　**[화합가]**　　　　　　　　[개혁가]

나는 책임감 있는 사람이다.
[충성가]

1) Helen Palmer, *The Enneagram*, p. 62ff.

2) Don Riso, *Understanding the Enneagram*, p. 229ff.

'9유형 화합가'가 '3유형 성취가'처럼 보일 때

9유형이 자기 가치를 믿기 시작할 때 건강한 3유형의 표현의 자
유와 단호한 태도, 건강한 1유형의 원칙들, 건강한 6유형의 책임감,
건강한 8유형의 자신감을 개발한다.

'9유형 화합가'가 '6유형 충성가'처럼 보일 때

9유형이 부담스러운 세상으로부터 물러설 때 불건강한 6유형처
럼 전전긍긍하는 겁쟁이가 되고, 불건강한 3유형처럼 실패를 두려
워하고, 불건강한 1유형처럼 경직되고; 불건강한 8유형처럼 분노
한다.

상담 접근법

- 그렇다, 일단 당신의 개성을 내세우고 스스로 필요한 일을 하면 성공하는 사람이 될 것이다.
- 그렇다, 일단 당신이 자신의 인생을 결정하게 되면 당신은 모든 사람이 그렇게 해야 한다는 것을 깨닫게 되고 더 이상 다른 사람들이 그들 자신을 돌봐야 한다고 주장하는 것에 대해 죄책감을 느낄 필요가 없을 것이다.
- 그렇다, 비록 당신이 때때로 두렵고, 혼란스럽다고 느낄지라도 자신이 앞으로 나아가서 당신이 만들어야 하는 어렵고 중요한 결정들을 내리게 되면 삶은 더 쉬워진다. 시기적절한 결정을 내리고, 그 결정을 고수하는 것은 당신을 상상 이상으로 강하게 만들 것이다.
- 그렇다, 당신 스스로 자립하여 우뚝 설 수 있다는 것은 대단하다. 다른 사람들이 하는 일이나 하지 않는 일이 더 이상 당신을 귀찮게 하지 않을 것이다.
- 그렇다, 당신은 가치 있는 사람이다. 언제나 그랬다.

화합가에 대한 설명

개괄적 묘사

만약 당신이 진정으로 화합가라면 당신의 어린 시절을 평화롭고, 느긋하고, 행복하게 기억할 것이다. 당신은 다시 그렇게 되기를 바랄 것이다. 그 기억이 실제 현실일 수도 있고 아닐 수도 있지만 당신은 그것을 그렇게 기억하고 싶어한다. 당신은 부모님이나 보호자를 우러러보았고, 어쩐지 당신은 그들이 자신이 어떻게 되기를 원하는지 알고 있다고 느꼈다. 당신은 그것을 따랐고 괜찮았다. 당신은 스스로 길을 트고 싶은(자신만의 길을 찾고 싶은) 마음이 없었다. 당신은 부모님과 가족들이 사이좋게 지내길 간절히 원했다. 만약 그들이 다투었을 경우에 당신은 뇌우가 지나갈 때까지 그냥 길을 벗어나 있었다.

평온함은 당신의 주요 초점이다. 당신이 가장 원하는 것은 평화롭고, 만족스럽고, 번거롭지 않은 삶이다. 그것은 모두가 서로 잘 어울리고, 누구도 강요하지 않는 세상이다.

이런 세상을 만들고, 평화롭게 유지하기 위해서 당신은 다른 사람들과 잘 지내고, 당신이 그들을 화나게 하지 않고, 그들이 당신을 화나게 하지 않도록 하고 싶어한다. 당신은 온화하고 협력하기를 원하며, 삶을 단순하고 복잡하지 않게 하기 위해 자신의 욕구를 기꺼이 뒤로 미루려고 한다.

마음속 깊은 곳에서 당신은 이것이, 즉 다른 사람을 기쁘게 하고 자신은 무시하는 것이 매우 어려운 방법이라는 것을 안다. 사람들은 종종 당신의 태평한 본성을 당연하게 여긴다. 그들은 당신이 그들이 원하는 대로 자동적으로 따라갈 것이고, 당신은 그들이 원하는 대로 쉽게 따라갈 것이라는 것을 당연하게 여긴다.

사람들은 이것 때문에 당신 내면에 얼마나 많은 분노가 있는지 모른다. 심지어 당신은 자신이 화나지 않았다고 스스로에게 말하려고 노력한다. 당신은 분노를 무섭고 적대적인 경험으로 느낀다. 당신은 이것을 스스로 느끼거나 다른 사람에게서 오는 것을 싫어한다. 이것은 당신이 겁쟁이라서 그런 것이 아니다. 단지 당신의 세상 안에서는 분노와 적개심을 원하지 않을 뿐이다.

분노와 적개심이 있기에 당신은 자연의 세계 또는 상상력의 세계로 침잠하는 법을 배웠다. 당신은 이곳에서 자신이 매우 즐겁게 여기는 아름다움과 평화로움을 발견한다. 또한 당신은 어린이들을 좋아한다. 어린이들은 인생의 모든 추악한 현실에 대해 아직 인식하지 못하는 것 같고, 당신은 그들의 순수함, 열린 마음 그리고 단지 어린이들이 그들 자신이 되는 것에 대한 기쁨을 즐긴다. 어린이들은 아무리 어려운 환경에서도 행복할 수 있고 놀 수 있다.

당신은 누군가가 직접적으로 또 공개적으로 하기 싫은 일을 하라고 말할 때(그때 당신은 매우 화가 날 수 있다)까지 다른 사람과 자신으로부터 화를 잘 숨기고 있다.

"나는 현재 상황에 만족해야 하고, 협조적이고, 관대해지기 위해 열심히 노력하고 있어. 여기 지금 누가 나에게 명령하고 있어. 이건 너무 지나쳐. 나는 협조하지 않을 거야. 나는 그것을 하지 않을 것이고, 아무도 날 그렇게 만들 수 없어. 사람들은 내가 얼마나 사

람들이 바라는 것을 따르려고 하는지 이해하지 못해. 나는 나만의
필요와 욕구가 있어. 왜 다른 사람들은 내가 그들과 협력하는 방식
대로 나에게 협조하지 않는 거지? 나도 내 권리가 있다고! 나는 있
는 그대로가 좋아. 왜 사람들은 날 내버려 두지 않는 거지?"

　당신은 화가 나서 폭발한 후, 그 일에 대해 후회한다. 당신은 평
화로운 세계를 파괴했다. 당신은 다른 사람들에게 사과하고 스스
로를 비하한다.

　다른 사람들이 당신을 충분히 오랫동안 밀어붙이면 당신은 피해
망상 환자가 되는 경향이 있다. 다른 사람의 의도를 두려워하고 의
심한다. 당신의 상상력은 끊임없이 자신을 보호해야 하는 적대적
이고 위협적인 장소로서 세상을 경험하도록 당신을 데려갈 수 있
다. 당신은 아마도 '터프가이'가 되려고 노력하고, 다른 사람들이
당신이 원하는 대로 되도록 강요할 수도 있고, 아이처럼 복잡하고
자유로운 세상을 찾는 데 깊이 들어갈 수도 있을 것이다. 그곳에는
아무런 문제가 없고, 다른 사람들을 기쁘게 하기 위해 어떤 것도 할
필요가 없으며, 스스로 어떤 결정을 내릴 필요가 없는 곳이다.

　당신이 어렸을 때, 물론 지금도 어리지만, 당신은 친구들이 하는
일이라면 무엇이라도 함께하고 싶을 것이다. 단지 당신이 그들의
삶의 일부가 되길 원했기 때문이다. 화합가는 특성상 자신의 개성
을 주장할 필요를 느끼지 않는다. 화합가는 이런 욕구를 가진 다른
누군가에게 더 애착을 가지고 '함께 어울릴 가능성이 높다'.

　당신의 삶에 큰 변화가 일어나기 시작하면 무기력해지고, 게을러
지고, 무책임해지고, 어떤 시도도 하지 않으려고 완강히 거부하고,
결정을 내리지 못하게 되고, 자립적이고 독립적인 사람으로 성장하

기 위해 당신이 해야 할 일을 할 수 없게 된다. 이렇게 될 때, 당신은 무의식적으로 독립하고자 하는 자신의 노력을 날려 버린다.

당신은 "열심히 일해라."라는 다른 사람들의 끊임없는 압박을 받는 경우에 무엇을 해야 할지 고민을 계속하면서 불필요한 모든 일을 하는 데 몰두할 수 있다. 이는 다른 사람들로 하여금 당신을 떠나게 만들 것이다. 당신은 하나의 답에 집착할 수 있다. 그것은 사람, 경력, 직업, 모든 것을 해결해 줄 거주지가 될 수 있다. 그렇게 하면서 당신은 스스로에게 "나에게 무엇이 좋은가?"라고 묻지 않는다. 당신은 "무엇이 나와 함께 다른 사람을 행복하게 해서 삶이 평화로워질까?"라고 묻는다.

왜냐하면 당신은 자신의 선함, 재능 그리고 타고난 능력에 맞는 것을 선택하지 않기 때문에 자신이 결정한 것은 자신에게 좋지 않을 것이다. 누군가가 당신에게 "너의 인생을 어떻게 해 봐."라고 말할 때, 당신이 듣고 싶어하는 말은 그들이 "내가 원하는 대로 해."인 것이다. 만약 그들이 정말로 당신을 사랑하고 돌봐 준다면 그들이 실제로 말하는 것은 다음과 같다.

"독립적이고 생산적이고 강해지기 위해 당신이 해야 할 것은 무엇이든 하라. 당신이 가장 좋다고 생각하는 방식으로 그것을 하라. 단지 그것을 하라. 이것을 할 때 당신은 행복해지고 자신에게 만족하게 될 것이다. 당신이 행복해지고 자신의 분리된 정체성에 만족하게 될 때 당신은 자신과 세상에 평화로워지고 당신 고유의 선함을 발견하게 될 것이다."

당신의 상태가 최고조일 때, 당신은 편안한 내면의 힘과 자신을 매우 사랑스럽게 만드는 어린아이 같은 자질을 가지고 있다. 당신의 상태가 최악일 때, 당신의 강함과 어린아이와 같은 순진함은 약해지고 유치해진다. 당신은 상황이 나아지도록 하기 위해 다른 사람들에게 매우 의존하게 된다.

조언

개인의 성장과 발달 그리고 독립적이고 생산적이고 강한 사람이 되는 것은 힘들다. 모든 사람을 행복하게 할 수 없기 때문에 스스로 결정을 내리는 것은 어려울 수 있다. 그러나 기억해야 할 것은 스스로 성장을 위한 결정을 하지 않고 다른 사람의 결정에 따른다면 모든 사람을 불행하게 만들고, 당신이 그토록 원하는 평화로운 세상을 이룰 수 없을 것이라는 것을 기억하라.

화합가는 변화를 싫어한다. 현 상황에서는 평화롭고, 만족하기 어렵다. 그리고 변화는 모든 것을 다시 시작해야 한다는 것을 의미한다. 현실적으로 당신이 열 살이 되었을 때, 자연스럽고 자동적인 '주어진' 세상이 멈춘 것이다. 세상은 당신이 아무리 피하려고 해도 계속해서 변하고 당신 역시도 계속 변하고 있다. 신중하고 현실적인 계획, 노력, 의사 결정 및 적당한 고집을 통해 (개인적인 목표를 추구함에 있어서) 당신은 변화를 실천할 때 평화롭고 만족하게 될 것이라는 것을 발견하게 될 것이다.

행복은 당신이 되찾아야 할 과거의 어떤 삶의 상황이 아니다. 행복이란 행복한 삶을 현실로 만들기 위해 당신이 해야 할 일들을 하는 데서 발견된다. 이 말은 나이에 따라 변하고, 세상이 변함에 따라 변한다는 것을 의미한다.

당신의 상태가 최고조일 때, 당신은 사람들과 자연을 무척 사랑하는 사람이다. 불행하게도 당신의 상태가 최고조가 아닐 때는 함께 살아가는 것이 매우 어려울 수 있다. 당신은 자신의 문제에 대해 다른 사람들을 비난하는 경향이 있다. 당신이 그런 것은 다른 사람의 잘못 때문이 아니다. 또한 당신의 '잘못'도 아니다. 만약 당신이 자신의 처지를 알고, 개인적 발전에 한 번에 한 단계씩 현실적인 접근법을 취함으로써 자기주장을 하는 법을 배우고 있다면, 자신이 사랑하는 사람을 비난하지 않도록 조심하라. 당신은 자신이 내린 개인적인 결정의 결과로 자신이 있는 곳에 있다. (결정을 내리지 않겠다는 결정, 다른 사람이 원한다고 생각하는 것을 따르는 것 또한 결정이다.)

사랑하는 사람들에게 매일 당신의 기분이 어떤지 계속 알리라. 다른 사람들이 언제나 당신을 이해하고 동의한다고 생각하지 말라. 그들의 의견을 물어보고, 그 의견을 당신이 따라야 할 명령으로 받아들이지 말라. 그들의 의견을 제안으로만 받아들이라. 이로써 당신은 자유롭게 동의하거나 동의하지 않을 수 있다. 그리고 만약 당신이 동의하지 않는다면 "내가 동의하지 않는 것은 당신의 잘못이야."라고 말하는 경향이 있다는 것을 알아 두라. 특별히 사랑하는 관계에서 당신의 분노에 죄책감을 느끼지 않고 서로의 의견 차이를 인정하고 싸우지 않는 방법을 배우는 것은 중요하다.

사랑하는 두 사람이 아무리 노력해도 두 세계가 완전히 하나가 되는 법은 없다. 사랑하는 사람들이 살기에 가장 좋은 세계는 두 세계가 사랑스럽게 공존할 수 있는 세계이다.

당신이 자신에게 잘못된 결정을 내렸다는 것을 알게 될 때 그것을 적으라. 그 통찰력을 잊지 말라. 어떻게 다르게 결정할 수 있었는지 스스로에게 물어보라. 실수를 배움의 경험으로 바꾸는 것을 배우라. 나중에 똑같거나 비슷한 상황이 다시 생기면 분명 더 나은 결정을 할 수 있을 것을 기억하라. 비난은 아무것도 해결하지 못하지만 배움은 많은 것을 해결한다.

당신의 숨겨진 강점은 선하고 현실적이며, 가치 있는 일을 인내심을 가지고 추구하는 것이다. 어쩌면 당신은 이것을 깨닫지 못했을지도 모르지만, 이것이 진실이다. 당신은 자신을 한 개인으로 보는 것에 익숙하지 않다. 당신은 또한 "한 번 해봐!"라고 하는 강한 사람과 단결하는 것을 몹시 원한다. 자신을 이런 종류의 사람으로 상상하고, 이러한 이미지와 결부시키고, 그것에 깊이 빠져들게 된다. 그것과 결합하면 당신은 이런 사람이 될 것이다.

해야 할 일을 이해하는 것은 그것을 하는 것과 같은 것이 아니다. 당신에게 결정권이 주어질 때 많은 가능성을 연구하라. 조사할 때에는 시간 제한을 꼭 정해 두라. 그렇지 않으면 당신은 죽을 때까지 분석만 할 수 있다.

각 가능성에 대한 장단점을 따져 보고 다른 사람들에게 도움을 요청하라. 당신은 각각의 선택 사항 중 최악 또는 최고만을 생각하는 경향이 있다. 이러한 선택 사항들을 다른 사람과 논의하는 것은 당신에게 현실을 직시하는 데 좋고 또 필요한 것이다. 이것 역시 시간 제한을 정하고 꼭 지키도록 하라.

그리고 스스로 결정을 내리라. 누군가 추천했다고 해서 그것을 반대로 결정하지 말라. 누군가를 기쁘게 하기 위해 어떤 것을 결정하지 말라. 당신의 타고난 흥미와 재능을 알고 당신에게 가장 좋은 것을 결정하라.

결정을 내릴 때 변화를 두려워하는 경향이 있다는 것을 알아 두라. 다른 사람들이 당신의 결정에 대해 어떻게 생각하는지에 대해 매우 민감하다는 것을 알라. 최종 해결책이라는 것은 존재하지 않는다는 것을 알아차리라. 과거의 결정을 다시 하려는 경향이 있음을 알아차리라. 당신이 내리는 모든 결정은 그다음의 결정으로 이어진다. 이것은 정상적인 것이다. 아주 드문 예외를 제외하고 번복하는 것은 삶을 매우 혼란스럽고 좌절하게 만든다. 심사숙고해서 결정한 것이라면 "여기는 과거에 한 결정의 결과로서 내가 찾은 곳이다. 일을 진척시키기 위해서는 어떤 새로운 결정이 필요한가?"라고 말하는 것이 가장 좋다. 당신이 내렸던 결정으로 돌아가지 말라. 난관을 헤쳐 나가기 위해 최선을 다하라.

두 가지의 길

건강과 성장의 길

자기 계발과 개인 성장 활동을 함에 있어 자신감을 가지고 자율적으로 그리고 매우 활동적이 되기 위해 노력하라. 매우 유연해지고, 독립적이 되며, 분노를 이용하여 자신과 다른 사람을 위해 선하고 가치 있는 일을 하도록 할 수 있다. 건강한 9유형은 더 이상 분노나 변화를 두려워하지 않기 때문에 평화롭다. 스스로 일어서기 위해 해야 할 일을 하는 데 분노의 에너지를 사용하는 방법을 아는 것은 배울 필요가 있는 기술이다. 변화를 죽음이 아닌 생명의 징후로 보도록 노력하라.

경고(문제 발생의 징조)

지나치게 태평하게 되는 것, 추종자가 되는 것, 당신의 문제가 심각하지 않은 척하고 태생적으로 느긋한 태도를 키우는 것, 스스로 설 수 있기 위해 할 수 있는 일을 피하는 것, 당신이 자신의 감정을 다른 사람들이 생각하는 것에 지나치게 민감하게 만드는 것, 다른 사람들이 당신이 해야 할 일을 하게 하려고 할 때 화를 내는 것, 예상치 않게 분노의 폭발이 일어나는 것

불건강과 붕괴의 길

당신이 해야 할 일을 미루다 보면 개인 성장에 뒤처지고, 그 일로 남을 탓하거나 자기 자신에게 매우 실망하게 되고, 자신을 벌할 방법을 찾게 될 것이다. 당신은 삶의 진중한 부분을 감당하지 못할까 봐 두려워하기 시작한다. 당신은 어쩔 줄 몰라 하고, 겁쟁이가 되고, 사람들이 당신에게 필요한 일을 시키려고 할 때 당신은 당황하고, 비겁해지고, 도망갈 것이다. 당신은 약물, 알코올, 문란한 성관계로 이 두려움으로부터 무감각해지고자 한다. 당신이 취했을 때, 당신은 더 이상 착하고, 느긋한 사람이 아니라 욕설을 해대고, 난폭하게 구는 사람이 된다.

성장의 단계

① 선한 것을 실천하는 사람이 되라. 이는 당신을 "나 혼자 잘 지내."라는 독립적이고 자립적인 사람으로 만들어 줄 것이다. 이렇게 할 수 있을 때까지 가족, 친구, 집에 대한 애착을 끊어야 한다. 당신 스스로를 위한 '유리한 자리를 만들라'.

② 그런 자리를 만들 수 있게 되면, 당신을 사랑하는 사람들이 당신을 더욱더 사랑할 것이라는 것을 알게 될 것이다. 만약 그들이 그렇게 하지 않는다면 당신을 존중하고, 당신에게 충성할 새로운 친구들을 찾으라.

③ 이제 당신이 추구하는 재미, 행복, 평화를 찾게 될 것이다. 당신 안에서 존중, 안심과 안전을 발견하고 다른 사람들을 사랑하고 돕는 자신을 발견하게 될 것이다. 당신은 내면에 항상 그것을 가지고 있는 대단한 연인이 될 수 있는 능력을 갖추고 있었다. 이제 당신은 그렇게 할 수 있고, 아주 잘할 것이다.

당신의 영성

세상에는 많은 종류의 영성이 있다. 당신에게 가장 좋은 것은 자연과 동물에 대한 자신의 사랑과 자신보다 위대한 누군가와의 결합을 바라는 자신의 욕망과 관련이 있다.

자연의 아름다움을 알고 연구하고 감사함으로써 더 높은 힘, 창조주, 당신이 세상의 어떤 사람보다 가까이 결합할 수 있는 하느님을 향한 당신의 길을 발견하기 쉽다.

만약 당신이 만물에 어떤 종류의 생명과 영혼이 존재한다고 믿는 영적인 배경을 가지고, 또 만약 당신이 죽음은 단지 육체와 영혼이 단순히 영혼으로의 변화라고 믿는다면 당신은 아마도 다른 사람이 알아차리지 못하는 실체를 알아차리고 있을 것이다.

만약 그것이 진실이라면,

- 당신은 다른 사람들이 경험하지 않는 것들을 경험하는 것에 대해 '일종의 이상한 사람'이 아니라는 것을 알라.
- 이러한 경험에 대해 두려워하지 말라. 알려지지 않고 특이한 것이 그 자체로 위험한 것은 아니다.
- 이런 경험에 매달리지 않도록 하라. 이 경험들이 성장에 도움을 주지만 당신이 해야만 하는 현실적이고 일상적인 일을 피하는 데 그것들을 사용할 수 있다.
- 이런 일을 경험했던 영적인 지도자나 동반자를 찾으라. 당신의 경험들을 편하게 느낄 수 있는 사람을 찾으라. 그들이 들려주는 충고를 듣고 당신 스스로 결정하라.
- 이 세상에서 당신을 가장 사랑하는 사람들과 진지하게 생각해보면, 모든 것의 창조자는 당신과 가장 잘 통하는 사람이다. 다른 모든 영적인 실재는 당신과 모든 것의 가장 위대한 관계를 찾도록 도와주기 위한 것이다.
- 당신 자신의 타고난 선함을 알고 감사하라. 당신 자신의 선함을 경험하는 것은 당신이 시간과 관심을 들여도 아깝지 않은 영성으로 향하는 디딤돌이다.

날개 유형

두 유형의 화합가가 있다.

사람 지향의 화합가(8날개를 가진 9유형)

당신은 서로 잘 어울리지 못하는 두 가지 다른 면을 가지고 있다. 하나는 사람들을 사랑하는 매력적이고, 따뜻하고, 사랑스럽고, 인내심이 있고, 침착하지만 다소 게으르다. 다른 하나는 상대방에게 매우 강압적이고, 분노하고, 소유욕이 강하고, 질투심이 많고, 폭력적인 면이 있을 수 있다(당신이 생각하기 싫은 면).

당신은 지극히 다른 사람들에게 초점을 맞추는데, 특별히 가족, 가까운 친구, 당신이 함께하고 싶은 사람들에게 초점을 맞춘다. 그리고 당신은 그들이 잘 지내길 원한다. 당신은 재미를 추구하고, 농담을 하는 것으로 이것을 실현하려고 노력한다. 하지만 그것이 잘 먹히지 않을 때 당신은 사랑했던 바로 그 사람들에게 매우 분노하고, 강압적으로 되고, 괴롭히고, 신체적인 폭력을 가하게 된다. 이런 일이 일어나면 폭발적인 성질 때문에 한 짓을 금방 후회하게 된다.

그들을 향한 당신의 분노와 자제력을 잃은 것에 대한 자신을 향한 분노로 당신은 스스로 사랑하던 사람들과 단절하고, 다른 더 명랑하고 느긋한 사람들과 어울리려고 한다. 그리고 이런 감정의 폭발은 더 이상 없을 것이라고 믿는 경향이 있다.

당신은 쉽게 굴복하는 강한 성적 충동을 가지고 있다. 당신은 연인에 대해 매우 소유욕이 많고, 질투가 심하다. 당신은 연인에 대한 독점적 권리를 주장하고, 그 권리를 방어한다.

그러나 때때로 성적인 욕구가 당신에게 강하게 밀려들 때 당신은 자유롭게 즐기기를 바란다. 그러나 이것을 배신으로 보지 않는데, 이는 당신이 '과외 활동'으로 하룻밤을 즐기는 것이기 때문이다.

당신이 사랑하는 사람에게 함부로 대할 수 있듯이, 알코올과 약물 남용으로 위험한 상황에 처하거나 문란한 성관계에 빠져 당신 내부의 갈등을 무감각하게 함으로써 당신은 자신에게도 함부로 할 수 있다. 또한 당신은 성공하기 직전에 실패를 야기함으로써 개인의 발전을 위한 자신의 노력을 짓밟고 자멸할 수 있다.

당신의 두 가지 면을 알고 수용하는 것이 매우 중요하다. 한 가지 면만 가지고 있는 척하며, 자신을 나누지 말라. 당신이 다른 사람을 바꿀 수 없다는 사실을 받아들이라. 만약 사람들이 변화를 원하지 않는다면, 그들을 있는 그대로 수용하거나 그냥 넘어가라.

당신은 자기통제에 대한 노력이 필요하다. 먼저, 신체를 통제하는 것부터 시작하라. 당신이 매일 해야 하는 작은 일부터 시작한 다음에 다른 사람들에 대한 당신의 행동에 대해 노력하라.

독립과 자립을 이루기 위해서는 오랜 시간과 훈련, 고된 노력이 필요함을 받아들이라. 성공하는 것을 두려워하지 말라. 당신을 훨씬 더 사랑스럽게 만들 것이다.

개혁적인 화합가(1날개를 가진 9유형)

당신이 다른 9유형보다 더 조용하고 자신의 감정을 더 '억제'한다는 것을 제외하면 지금까지 화합가에 대해 말해 온 모든 것이 당신에게 맞는 이야기이다. 당신은 이상주의자이고, 자신에 대해 높은 수준의 원칙을 가지고 있기에 더 자제력이 있는 사람이다. 당신은 다른 사람들을 위해 도덕적인 지도자가 되기 원하고, 자신이 살아왔던 방식과 행동에 따르기를 원한다. 당신은 다른 9유형이 가지는 내면의 강렬한 갈등을 가지고 있지 않지만, 당신이 다른 사람들의 감정에 더 민감하고, 자신에게 보다 더 정직하기 때문에 갈등을 더 많이 느낀다.

당신은 보수적이기 쉽다. 심지어 조금 융통성이 없기도 하다. 비록 당신이 다른 사람들과 모든 개인적인 갈등을 피하기 원하고, 다른 9유형처럼 사람들과 쉽게 엮이지 않는다 하여도, 당신이 아무리 노력해도 모든 사람을 행복하게 해 줄 수 없는 것을 깨닫고 수용할 때 당신은 사람과 활동을 잘 조직하고 관리하는 사람이 될 수 있다.

당신의 가장 큰 문제는 자신의 감정을 억누르는 것이다. 당신은 분노와 불안이 자신을 갉아먹게 두어서 두통과 궤양에 걸리기 쉽다. 당신이 평소에는 느긋하고 융통성이 있더라도 자신의 분노가 폭발하면 매우 편협하고 융통성이 없는 사람이 된다.

당신은 다른 사람들이 저지르는 잘못된 행동에 대한 자신의 분노와 좌절에 귀를 기울일 수 있는 누군가와 이야기를 할 필요가 있다. 당신의 감정을 이런 대화의 방식으로 내보내면 다른 충고를 찾을 필요가 없어진다. 주된 목적은 당신의 감정을 강화시키기보다 밖으로 내보내는 것이다.

만약 문제에 대해 '골머리를 앓게' 되면 당신은 다른 어떤 것도 생각할 수 없는 상황에 빠질 수 있고, 더 넓은 시야를 잃을 수 있다.

끝맺으며

당신에게 분노는 어쩔 수 없는 현실로 언제나 존재할 것이다. 분노는 사라지지 않는다. 그 분노에 익숙해지고 그것을 사용하라. 당신의 분노는 몸의 에너지이다. 규칙적인 운동을 통해 분노를 내보내라. 당신의 몸을 가볍게 하고, 신체적 건강을 중요한 목표로 삼으라.

당신은 이 몸의 에너지를 자기 계발의 목적을 이루는 데 사용할 수 있다. 당신의 에너지가 장에서 올라와 몸을 거쳐 머리까지 닿게 하라. 이 말이 이상하게 들릴지 모르지만 당신이 이를 행한다면 몸의 에너지는 마음의 에너지가 될 것이다. 당신이 이를 실천하면 신체적으로 더 건강해질 뿐만 아니라 자신이 마음먹은 것은 무엇이든 이룰 수 있게 된다.

1유형 개혁가

이상주의자 ◁   ▷ 십자군

1유형 개혁가의 성격은 올바르고 자제력이 강한 이미지로 나타난다. 이 성격이 최고의 가치로 삼는 것은 도덕적으로 순결한 것이며, 순수함의 상실을 두려워한다. 1유형은 순수함의 부분적 상실을 경험할 때 다음과 같이 어쩔 줄 몰라 한다.

"내가 잃어버린 순수성을 되찾지 못하면 무언가 끔찍한 일이 내게 일어날 것이다."

외로움에 직면한 젊은 1유형은 친구 몇 명에게 연락을 취해 뚱하게 화를 내는 것으로 자신의 삶에 대한 통제력 부족에 반응한다.

1유형은 도덕적으로 옳은 완벽주의자이다. 용서는 주어지는 것이 아니라 반드시 얻어내야 하는 것으로 본다. 죄를 짓는 것은 재앙이다. 깨끗이 씻길 선함을 되찾기 위해서 고통은 필요한 것이다.

1유형은 끊임없이 그가 하는 모든 것에서 완벽을 추구한다. 어떤 것이든 목표에 미달하는 것은 용납할 수 없다. 1유형이 두려워하는 내면에 있는 악의 존재는 표면화되어 세상에 투영되고 의인화된다.

이러한 성격 때문에 현실 세계는 부패한 곳이며, 쾌락을 포용해서는 안 되는 것이 된다. 이러한 성격을 가진 사람들의 생각에는 현실을 지각하고 인식하는 올바른 방법은 하나만 있을 뿐이며 지켜야 할 행동 수칙이 명확하고 경직되어 있다. 결과적으로 그들은 다른 사람을 강하게 비판하는 경향이 있다. 다른 사람들은 "저지 당하거나 처벌받지 않고 자기가 하고 싶은 대로 다 한다." 그러나 1유형은 이에 대해 분개하고, 이 분개는 이 성격의 함정이 된다.

1유형에게 외부 세상은 선과 악의 도덕적 투쟁이 벌어지는 곳이다. 1유형의 의식은 개인적인 욕망, 특히 이기적이고 성적인 욕망을 걸러 내는 경향이 있다. 타락하는 것에 대한 두려움과 완벽해야 한다는 불가능한 도덕적 요구에 대한 분노는 이 성격을 매우 불안한 유형으로 만든다.

인간관계에서 이들은 타인의 행복과 자유를 몹시 질투할 수 있고, 그들을 사랑하고 신뢰하는 사람들을 '개혁'하고 싶은 강한 욕구를 가지고 있기 때문에 그 과정에서 매우 강압적일 수 있다.

영성

이 성격 유형은 주도면밀한 경향이 강하다. 이들은 사람들을 꼼짝 못하게 한다. 내가 1유형에게 앉아서 하는 명상하는 법을 안내

했을 때, 가장 먼저 나타나는 것은 그 사람이 죄책감을 느끼게 하는 모든 것이었다. 즉, '용서할 수 없는 것들'이란 그 사람을 '불쾌하게' 만드는 것이다. 영적 상담자가 아무리 노력해도 종종 용서받을 수 있다는 것을 납득할 수 없는 이들은 자신을 용서해서는 안 된다는 생각을 하게 된다.

만약 상담자가 1유형과 함께 앉아서 하는 명상을 하고자 한다면 용서와 용서받는 것을 강조하는 지시적인 심상을 사용할 것을 추천한다.

영적 상담자들이 자기 노출을 격려하는 것과 "인간이 된 것을 환영해. 우리가 하느님의 인내와 용서를 누릴 수 있는 것이 놀랍지 않니?"와 같은 말을 전하는 것으로 1유형이 드러내는 약점과 실수에 응답해 주는 것이 중요하다.

1유형이 해야 할 일은 자기 자신을 용서하는 것, 실수를 만회할 수 있다는 것을 깨닫고, 있었던 일로부터 배워야 할 것을 꼭 배움으로써 죄를 용서받고, 그리고 나서 이런 배움을 통해 성장하는 것이다. 개인의 성장에는 정화가 필요하다.

개인의 성장은 이들에게 관대하고, 인내심이 있는 사람이 될 것을 요구한다. 관계에서 인정과 승인은 서로 다른 것이다. 우리는 남들이 사는 방식을 탐탁해하지 않을 수도 있지만 그들을 있는 그대로 받아들여야 한다. 유해한 것들은 항상 인간 조건의 일부분이었고, 이는 당장 크게 바뀌지 않을 것이다.

1유형에게 해방이란 다른 사람을 용서하는 경험이다. 분개를 놓아 보내는 것이다. 1유형이 하느님은 용서하시는 하느님이라는 믿음의 도약을 하게 된다면 1유형은 자신이 가지고 있는 용서하는 영적인 힘과 영적 치유를 발견하게 된다.

적용

1유형은 장형의 세 유형 중 하나이다. 장형은 분노에 관해 어려움을 겪는 특징이 있다. 1유형은 분노를 알아차리고, 그것에 대해 죄책감을 느낀다. 1유형은 오직 '정의'를 위해서, 또는 다른 누군가를 '위해서'만 분노를 나타내는 것을 허락한다.

1유형은 자기 계발을 위해 상담을 받으러 오는데 종종 비난에 대한 두려움 때문에 주저하며 온다. 이런 두려움은 비판이 난무한 1유형의 부모로부터 비롯된 것이거나 1유형의 양심의 가책이 투영된 것에서 비롯된 것일 수 있다.

1유형이 자신의 선함을 확인하도록 돕는 것은 매우 중요하다. 1유형의 주도면밀한 성격이 되고자 하는 성향 때문에 이는 어려운 일이 될 수 있다. 만약 1유형이 어떤 식으로든 자신이 '나쁘다'고 느낀다면 1유형은 비난을 받거나 벌을 받아야 한다고 주장할 수도 있다. 1유형은 오직 이러한 '정화'를 통해서만 도덕적 청렴이 회복될 것이라고 느끼는 것이다.

1날개를 가진 9유형이나 9날개를 가진 1유형은 둘 다 개혁가이다. 이 둘의 차이는 미미해 보일 수 있지만 훨씬 더 진지하고 입을 꽉 다무는 1유형보다 9유형은 더 느긋하다. 두 유형 모두 자신의 분노를 받아들이는 데 어려움을 겪는다. 9유형은 분노를 경험하는 것이 자신을 사랑하는 사람과 단절되고, 분노를 폭발한 후에 사과

해야 할 것이라는 두려움을 가지고 있는 반면에 1유형은 도덕적으로 완벽하기를 원하고 분노의 폭발을 터트리는 것에 대해 독선적으로 정당화할 것이다.

1유형의 성격은 도덕적으로 매우 '선하게' 되기를 무척이나 원한다. 따라서 '나쁜 것'에 집착하는 경향이 있고, 완벽한 사람이 되는 데 강박적이다.

이 성격은 그들이 불완전함 속에서 받아들여지고 사랑받기를 몹시 원한다. 이들에 대한 당신의 무조건적인 깊은 존경에 정말 감사할 것이다. 그들은 자신의 잘못과 실패에 대해 잔인할 정도로 정직할 수 있다. 그들은 자신에 대해 동정심을 가질 수 있는 방법을 배울 필요가 있다.

이들이 자신을 용서하는 것을 배울 수 있다면 그것은 이들에게 다른 사람들과 연민을 가지고 관계를 맺도록 돕는 데 유용할 것이다.

이 성격은 경험을 구분하기 때문에 자신을 용서하는 경험과 타인에 대한 용서를 연결하는 것을 명백하게 할 필요가 있다.

만약 내담자가 심각한 우울증과 자기 연민에 빠지기 쉬운 것처럼 보인다면 상담자는 스트레스를 받아 이동하게 되는 4유형 예술가의 성격을 가지고 다루어야 한다. 그 이유는 자기 계발에 힘쓰는 데 있어 4유형의 성격은 1유형의 이상주의를 내사introject시키고 있기 때문이다. 또는 내담자가 깐깐한 부모의 압박을 받고 있기 때문일 것이다.

자신의 이상을 충족시키지 못한다는 스트레스나 깐깐한 부모의 기대감 속에서 1유형과 4유형 모두 의존적으로 매달리고, 우울해지고, 심지어 자살할 수도 있으며, 연극하는 것과 같은 행동을 통해 긴장을 풀 수도 있다.

1유형은 원한을 품고 있지만 4유형은 일반적으로 그렇지 않다. 1유형은 전형적으로 다른 사람들의 '느긋한' 행동에 대해 불평한다. 그러나 4유형은 이러한 행동을 부러워하는 경향이 있다. 1유형은 자기표현이 비교적 일관성이 있는 반면에 4유형은 감정에 따라 자기표현이 달라질 가능성이 있다.

몇몇 성격들은 마치 1유형처럼 상담자에게 보일지 모른다. 이것은 대개 상담자가 젊은 내담자인 당신을 받아들이기를 원하며, 1유형이 그들이 '되어야만 하는' 유형이라고 믿기 때문이다. 그러나 라포가 형성되면 1유형인 척하는 것은 사라진다.

청소년들에게는 날개 유형이 아직 명확하게 정해지지 않는다. 날개 유형은 20대 중반이 되어서야 완성된다.

상담자는 자신의 관찰과 경험에 의존할 필요가 있다. 당신도 알고 있겠지만 너무 서둘러 유형을 확징하는 깃은 오히려 역효과를 가지고 온다.

네 방향의 영향

'1유형 개혁가'가 '7유형 열정가'처럼 보일 때

1유형이 긴장을 누그러뜨릴 때, 건강한 7유형 열정가의 즐거운 기운, 건강한 2유형 조력가의 보살핌, 건강한 4유형 예술가의 공감, 건강한 9유형 화합가의 느긋한 본성을 얻는다.

'1유형 개혁가'가 '4유형 예술가'처럼 보일 때

1유형 개혁가가 강박 관념에 사로잡히면 불건강한 4유형 예술가와 같이 질투를 하게 되고, 불건강한 2유형 조력가처럼 응징하는 '돕는 사람'이 되고, 불건강한 9유형 화합가처럼 나태해지고, 불건강한 7유형 열정가처럼 불안해한다.

상담 접근법

- 그렇다, 모든 것을 완벽하게 해야 하는 불안감에 더 이상 지치지 않을 때 당신이 얼마나 많은 에너지를 가지고 있는지 놀랍다.
- 그렇다, 다른 사람들을 있는 그대로 내버려 두면 당신은 매우 사랑스러운 사람이 될 것이다.
- 그렇다, 당신의 약점을 받아들이면 다른 사람들을 더 잘 이해할 수 있고, 다른 사람을 있는 그대로 받아들일 수 있다.
- 그렇다, 당신 자신과 세상을 있는 그대로 수용하는 것은 당신이 해야 할 일을 하고, 당신이 성취할 수 있는 것을 성취할 수 있는 인내심을 줄 것이다.
- 그렇다, 자신을 충분히 훌륭하다고 받아들이는 것은 당신 자신을 위해 완벽해질 필요가 없기 때문에 다른 사람들과 더 가까워지게 해 줄 것이다. 충분히 훌륭하다는 것이 가장 중요하다.

개혁가에 대한 설명

개괄적 묘사

만약 당신이 진정으로 개혁가라면 당신은 매우 엄한 부모 밑에서 자랐을 것이다. 당신의 부모나 보호자는 당신에게 완벽하게 따라야 할 규칙과 의무를 주고 강요하였을 것이다. 그들은 당신이 그 규범과 의무를 다하지 않는 이상 잘 대해 주지 않았을 것이고, 당신이 얼마나 노력을 했든 상관없이 좀처럼 당신의 노력에 충분히 만족스럽지 않았을 것이다. 언제나 개선의 여지는 있다. "너는 더 잘할 수 있다."가 잘하고자 하는 당신의 노력에 대한 그들의 응답이다. 당신이 집에서 아버지와 함께 자랐다면, 당신의 아버지는 더 엄격한 1유형이었을 것이다.

당신은 나이가 들면서 아마도 어른의 임무를 일찍부터 맡게 되었을 것이다. 당신은 어쩌면 어린 동생들에게 부모가 되는 책임을 졌을 수도 있다. 그 결과 자기통제는 당신에게 중요한 것이 되었다. 당신은 자기 자신에게 매우 엄격하다. 당신은 자신에게 매우 엄격한 판사가 된다. 자신의 기준으로 보아 실패하였을 때 죄책감을 느낀다. 당신 스스로 기분이 좋을 만한 가치가 없다고 말하는 것으로 벌을 준다. 당신에게는 의무만 있을 뿐이다. 좋은 시간을 갖고 즐기는 것은 당신이 "그럴 만해."라고 느낄 때에만 비로소 허락하는 것이다. 당신이 즐거운 시간을 보낼 때에도 여전히 이를 허용한 것을 불편해할 것이다.

당신은 논리적이고, 체계적이고, 질서 정연하다. 당신은 열심히 일하는 사람이고, 거의 모든 것을 아주 심각하게 받아들인다. "삶은 매우 중대한 비즈니스이다." 그 결과 당신이 무엇을 하든지 모든 것을 잘할 수밖에 없다. 왜냐하면 당신이 아무리 잘해도 항상 흠을 잡아서 더 열심히 노력하기 때문이다. 당신은 완벽주의자이다.

당신은 진정으로 존경받을 만한 사람이다. 당신은 정말 진심으로 일을 제대로 하고 싶어한다. 당신이 해야 할 일을 하는 것은 좋은 일이다. 당신이 할 수 있는 한 최고가 되고자 하는 것은 건강한 목표이다. 많은 사람은 이런 식으로 될 수 없을 것 같고, 그들은 자신의 삶과 다른 사람의 삶도 엉망으로 만든다.

당신에게 정의와 공정은 전통, 종교, 영성, 당신의 문화적 배경과 마찬가지로 중요하다. 당신은 규칙, 법률, 조직의 중요성을 이해하고 있으며, 기꺼이 그것들을 따르고자 할 것이다. 또한 당신은 장래를 내다보고 만일의 사태에 대비하는 것을 좋아한다.

당신은 마음을 편안하게 하는 것이 어렵다는 것을 알게 될 것이다. 왜냐하면 당신의 머릿속에 있는 것을 주의 깊게 듣는다면 항상 당신에게 부족하다고 말하는 매우 비판적인 목소리가 있기 때문이다. 이것 때문에 죄책감을 느끼게 되고, 더 잘하고, 더 잘되어야 한다고 느낀다.

가끔 당신은 미친듯이 거칠게 굴고 더 즐겁게 지낼 수 있었으면 하는 바람이 있지만, 이런 바람을 게으르고 향락적이고 무책임하고 부도덕한 사람이 되고자 하는 유혹이라고 판단한다. 당신은 이런 부류의 사람들을 당신 주위에서 보게 되면 분노한다.

주위에 이런 유형의 사람이 없다면 당신은 그들처럼 되기 위해 옳은 모든 것을 버리고자 하는 유혹을 받지는 않을 것이다. 당신은 그들의 행동에 대해 그냥 넘어가는 것이 때때로 부당하다고 생각한다. 그들은 당신이 하지 못하는 것들을 할 수 있다.

눈치챘겠지만 당신이 하는 일들은 꼭 당신이 원해서 하는 것이 아니라 당신이 해야 한다고 느꼈기 때문에 하는 것이다. 사실 당신이 진정으로 원하는 것이 무엇인지 확신하지 못한다. 당신은 무엇을 원해야 하는지 확신할 뿐이다.

당신은 자신의 감정, 욕구, 필요를 느끼고 싶어하지 않는다. 그것들은 당신 자신을 위해 세운 구조화된 삶에 맞지 않는 것들이다. 친구 관계나 연인 관계에서 당신은 자신의 선함에 대해 의심하고 그래서 매우 질투심이 많고 소유욕이 강한 사람이 될 수 있다. 당신은 자신의 친구나 사랑하는 사람을 자유롭게 다른 사람과 함께 있지 못하게 하는 경향이 있다. 왜냐하면 그들이 그들에게 충분히 좋은 사람이 아니라는 이유로 당신을 '버릴지도' 모르기 때문이다.

당신은 이것을 깨닫지 못할지도 모른다. 그러나 당신은 내면에 많은 분노를 가지고 있고, 가끔씩 그 분노를 보여 준다. 당신은 자기도 모르게 가혹한 심판자가 되고 다른 사람들에게 괴팍하고 불공평할 수 있다.

우리는 모두 감정, 욕구, 필요를 가지고 있다. 그리고 그것들은 질서 정연하지 않다. 그러나 반드시 나쁜 것은 아니다. 당신이 그것들을 묻으려고 한다면 그것들은 점점 더 강해질 것이다. 만약 당신이 자신의 감정을 느끼고 그것을 삶의 평범하고 좋은 부분으로 받아들이도록 한다면 너무 버거운 짐이 되지는 않을 것이다.

조언

당신은 자신을 너무 몰아붙이는 경향이 있다. 당신은 아마도 조금 긴장을 풀고 싶을 것이다. 하지만 당신이 그러는 순간 부자연스럽게 느껴질 것이다. 당신이 하는 데 문제 없는 '순수한 재미'를 위한 것들이 많이 있다. 스포츠가 좋은 활동의 예이고, 학교와 교회의 다른 활동도 그렇다. 당신은 그것들을 해야 할 것이다. 그것은 균형 잡힌 사람이 되기 위해 중요한 부분이다.

만약 당신이 너무 오랫동안 너무 많은 압박감에 시달리게 되면 당신은 두 가지 삶을 전개할 수 있다. 첫째는 당신이 알고 있는 모든 사람이 보고 존경하는 삶이고, 둘째는 해서는 안 된다고 믿는 몇 가지 일을 하는 은밀한 삶이다. 당신은 이러한 삶에서 잠시 동안 압력솥에서 빠져나와 당신이 모질게 심판하였던 사람들처럼 행동한 다음, 다시 고압적인 삶으로 돌아온다.

하나의 삶을 사는 것만으로도 충분히 복잡하다. 만약 당신이 은밀한 삶을 산다면 그것이 걷잡을 수 없는 상태가 되는 것은 단지 시간문제일 뿐이고, 그것은 결국 겉으로 드러나게 될 것이다. 그렇게 되면 당신 자신에 대해 정말 끔찍하게 느낄 것이다. 필요와 욕구를 가지고 강점과 약점이 있는 평범한 인간이 되어도 괜찮다. 몸은 나쁘지 않다. 몸은 그 자체로 좋고 아름답다. 만약 일상생활에서 인생의 즐거움을 한 모금이라도 마실 수 있다면, 걷잡을 수 없게 되어 꿀꺽 삼켜 버리려 할 만큼 목말라하지 않을 것이다.

두 가지의 길

건강과 성장의 길

세상을 있는 그대로 받아들이도록 노력하라. 당신 자신을 포함해서 사람들을 있는 그대로 수용하도록 노력하라. 덜 완벽한 세상에서도 행복해지는 법을 배우라. 건강한 1유형은 실천하는 사람이고, 비록 완벽하지는 않지만 최선을 다하기 위해 노력하는 사람이다. 다음을 좌우명으로 삼으라.

"그것이 행할 만한 가치가 있다면, 잘하지 못할 만한 가치도 있는 것이다."

경고(문제 발생의 징조)

괴팍함, 불면, 악몽, 과로, 꼬장꼬장하게 되는 것, '나는 더욱더 열심히 노력해야 하고 더 잘해야 한다.'는 생각과 감정, 그리고 알코올 및 약물의 남용과 압박에서 벗어나기 위한 성행위

불건강과 붕괴의 길

독선적이고 편협함, 생각을 바꿀 수 없는 것(사는 방식과 일을 하는 방식에 보통 하나 이상의 '올바른' 방법이 있다는 것을 잊는 것), 타인에 대한 부정적인 판단, 잘못되었다는 것이 증명되었을 때 참을 수 없는 것, 당신의 설교와는 정반대로 행동하는 것, 다른 사람들을 가혹하게 처벌하는 것, 심한 우울증과 자책

성장의 단계

① 당신이 할 수 있는 한 최선을 다하고 그것에 만족하라. 긴장을 푸는 법과 삶의 좋은 것들을 맛보는 것을 배우라. 왜냐하면 그것은 좋은 방법이기 때문이다.

② 당신이 보고, 듣고, 냄새 맡고, 느끼고, 맛보고, 만질 수 있는 세상을 잘 관찰하고 배울 수 있는 모든 것을 배우라. 당신의 경험에서 배우라. 실수는 없고 오직 배움의 기회만 있다.

③ 솔선수범하라. 그저 바라보거나 부정적인 심판자가 되는 것이 아니라 리더가 되라. 당신은 무엇인가를 할 때 완벽해야 할 필요가 없기 때문에 그냥 그 무엇인가를 시작해도 괜찮고 그 일을 진행하면서 배우면 된다.

④ 다른 사람들의 감정을 진정으로 헤아릴 줄 아는 사람이 되라. 그들이 독립적이고 강해질 수 있도록 도우라. 우리는 모두 자기 자신과 하는 일에 대해서 만족을 느낄 필요가 있다. 다른 사람들도 이런 식으로 살 수 있도록 도우라.

⑤ 당신의 내면이 어떤 상태인지 더욱 집중하라. 자신 안에 있는 선함을 알라. 스스로가 자신에게 가장 친한 친구가 되라.

이제 당신은 반드시 완벽해야 한다는 생각 없이 해야 할 일을 할 수 있다. 선하고 가치 있는 일을 하라. 왜냐하면 당신이 생각하는 대로 세상을 바꾸려고 하기 때문이 아니라 그것들이 선하고 가치 있는 일이기 때문이다. 걱정하지 말라. 이를 통해 당신은 모든 것을 더 좋게 만들 것이다.

당신의 영성

당신은 신의 존재를 두려워하는 경향이 있다. 만약 하느님이 당신을 알아차리신다면 하느님이 너 자신처럼 당신을 힘들게 할 것이라고 생각하기 쉽다. 또한 삶이 너무 불공평하게 보이기 때문에 당신은 하느님의 형상에 대한 흥미를 잃어버렸을 수도 있다. 만약 하느님이 다스린다면 하느님 역시 불공평한 존재임이 틀림없다.

이것은 당신의 머리가 들려주는 말이다. 각 유형에 대한 설명에서 여러 가지 방식으로 언급했듯이 그것은 때때로 당신을 힘들게 만드는 당신의 생각 방식이다. 많은 사람이 이렇게 말한다. "나는 교회에 가지 않아. 나는 이미 나 자신에 대해서 나쁘게 생각하고 있어.", "교회에 가는 것은 단지 나를 더 기분 나빠지게 할 거야."

당신 자신을 나쁘게 할 수 있는 유일한 사람은 당신뿐이다. 당신은 어차피 이런 경향이 있기 때문에 당신의 가려운 부분을 긁는 데 도움을 주는 영성이나 종교가 필요 없다고 여기는 것이 사실이다.

당신에게 좋은 것은 스스로 도울 수 있는 다른 사람들을 도울 방법을 찾는 것이다. 당신이 옳은 의도를 가지고 있어서 다른 사람들을 돕는 것은 좋은 영성이다. 당신이 더 나은 사람이 되고 싶어서 다른 사람들을 돕는 것은 그다지 좋은 동기가 아니다. 훨씬 더 좋은 동기는 다른 사람들의 선함 때문에 돕는 것이다.

다른 사람들도 자신의 선함을 발견하는 것이 힘들 때가 있다. 당신은 다른 사람들 안에 있는 선함을 볼 수 있고 그 사람들이 발견할 수 있도록 도울 수 있다. 당신이 그들의 선함을 보여 주고 그들이 당신에게 당신의 선함을 보여 주도록 허락하는 방식으로 다른 사람들과 함께 있는 것은 매우 영적으로 좋은 것이고, 삶의 좋은 방법이다. 이런 관계를 통해 당신과 다른 사람들은 모든 선함의 근원을 발견하게 될 것이다. 선함의 근원은 멀리 있지 않다. 당신과 다른 사람 안에 있다. 당신이 이를 나눌 때 비로소 느끼게 된다.

날개 유형

두 유형의 개혁가가 있다.

이상주의자(9날개를 가진 1유형)

당신의 상태가 최고조일 때, 당신은 매우 명확하고 수준 높은 원칙을 가진 사람이다. 당신은 세상을 매우 무질서한 곳으로 본다. 그리고 진정으로 우려하는 마음에서 당신은 그것에 대해 무엇인가를 하고 싶어한다. 당신은 좋은 학생이고, 열심히 일하는 사람이다. 하지만 당신은 다른 사람들과 관계를 맺는 데 어려움을 겪는데, 다른 사람들을 자신을 성가시게 하는 존재로 바라보고 이를 드러내기 때문이다. 당신은 그들에게 어떻게 되어야 하는지에 대해 설교하는 경향이 있다. 당신은 "사람들은 각자 나름대로 사는 방식이 있다.", "타인을 있는 그대로 인정해야 한다."와 같은 원칙 때문에 힘든 시간을 보낸다. 당신은 다른 사람들이 어떻게 되어야 하는지에 대한 기대를 가지고 있으며, 사람들이 어떻게 있는 그대로가 될 수 있는지를 이해하기 어려워 한다.

다른 사람들의 모습을 받아들인다는 것이 다른 사람들의 모습을 용인하는 것과 같지 않다는 것을 깨닫는 것이 당신에게 좋다. 있는 그대로의 모습을 받아들일 수 있다는 것은 그저 현실적이고 실용적인 것이다. 차가 고장 났다는 사실을 받아들이고 무엇이 잘못되었는지 이해하기 전에는 차를 고칠 수 없다. 숨을 죽이고 발을 구르는 것으로 문제를 해결할 수는 없다. 왜냐하면 그것은 실행되지 않을 것이기 때문이다. 분노는 아무것도 해결하지 못한다. 무엇이 잘못되었는지 이해하고 제대로 인식하는 것은 당신이 현실적으로, 실제적으로 무엇을 할 수 있는지를 알아낼 수 있게 해 줄 것이다. 오히려 어떤 것들은 고칠 수 없다. 또 어떤 것들은 단지 함께 살아가야 하는 것들이다.

당신의 상태가 최악일 때, 당신은 내면의 갈등을 느낀다. 어떤 면에서는 당신은 절제력이 있고, 감정을 억제할 수 있는 사람이다. 다른 면에서 당신은 감정적으로 분노의 폭풍 속에서 살고, 무책임하며, 불공평할 수 있다. 당신은 다른 사람들에게 일관성(질서 정연함과 순응)을 요구한다. 그러나 당신은 그들을 상대하는 데 있어 매우 일관성이 없을 수 있다. 당신은 어떤 때는 솔직하고 공정하지만, 또 다른 때는 자신의 분노 때문에 사람들에게 매우 혹독하게 대하거나 "나는 더 이상 신경 쓰지 않는다."는 식의 태도를 취할 수 있다. 당신은 두통, 위장병 그리고 다른 신체적 질병에 취약하다.

당신의 분노와 좌절은 다른 사람들의 태도를 받아들이지 않는 데서 오는데, 이는 당신이 다른 사람들이 느끼는 감정을 눈치채지 못하게 만든다. 대부분의 경우 감정은 사람들이 어떻게 생각하고 행동하는지에 강한 영향을 미친다. 아마 당신은 그것을 깨닫지 못하겠지만 이것은 당신에게도 마찬가지이다.

감정은 이성으로 통제하기 위해서 존중받아야 하고 부드럽게 다룰 필요가 있다. 다른 사람들뿐만 아니라 자신을 위해서도 이것을 할 수 있다는 것을 연민의 실천이라고 한다. 연민이 있다는 것이 당신의 원칙을 철회하는 것은 아니다. 무엇이 망가졌는지 알아보고 이해하기 전에는 어떤 것도 고칠 수 없다는 것을 명심하라. 이처럼 당신은 연민 없이는 아무것도 더 낫게 만들 수 없다.

끝으로 당신은 다른 사람을 바꿀 수 없다. (그들은 준비가 되었을 때 스스로 그것을 해야 한다.) 당신이 바꿀 수 있는 유일한 사람은 자신이다. 개혁가들은 현실에서 출발할 필요가 있다. 거기에 연민을 더하라. 그러면 당신은 놀랍고 멋진 일들을 할 수 있을 것이다.

십자군(2날개를 가진 1유형)

당신의 상태가 최고조일 때, 당신은 남을 돕는 데 관심이 많은 고결한 사람이다. 당신은 높은 도덕 수준을 가지고 있고, 사람들을 사랑하는 사람이다. 당신은 너그럽고 외향적이다. 당신에게 무엇이 옳고 그른 것인지는 분명하지만, 왜 남들이 자신처럼 분명하게 보지 않는지 이해하기 어려울 때가 종종 있다. 당신은 또한 예민한 사람이다. 당신은 다른 개혁가 유형보다 자신의 감정을 더 많이 느끼고, 사람들에게 감정이 어떻게 작용하는지를 더 잘 이해한다.

당신은 다른 사람들의 안녕과 행복에 대해 개인적인 책임감을 느끼고 자신이 도울 수 있는 모든 것을 한다. 당신은 다른 사람들에게 설교하는 경향이 있지만, 그들을 깎아내릴 생각은 없다. 당신은 그저 돕고자 노력하는 것이다.

당신은 종종 현 상황에 좌절하고, 그 결과 당신의 내면에는 많은 분노가 쌓여 있다. 당신은 친절하고 자비로운 사람이다. 하지만 당신의 좌절감이 자신을 능가할 때, 평상시 당신의 뛰어난 유머 감각은 날카로운 칼날을 보이기도 하고 분노와 엄격함 때문에 다른 사람들에게 과민반응을 할 수 있다.

당신의 상태가 최악일 때, 당신은 어떻게 다른 사람들의 감정을 이용해서 당신이 생각하기에 그들이 해야 할 일을 하도록 하는지를 안다. 당신은 다른 사람들의 존경과 사랑을 이용하여 그들이 당신에게 협조하도록 하는 교묘한 방법을 가지고 있다. 당신은 다른 사람들이 자신이 원하는 대로 행동하지 않은 것에 대해 그들이 죄책감을 느끼게 할 수도 있다.

당신은 다른 사람들의 감정을 이용하는 것이 괜찮다고 스스로에게 말하는 경향이 있다. 왜냐하면 당신이 원하는 모든 것이 그들에게 최선이기 때문이다.

당신은 자신이 "다른 사람의 이익을 위해 교묘히 한다."는 것에 대해 솔직해져야 한다. 만약 누군가가 당신이 이기적이라는 이유로 다른 사람의 장점을 이용하는 경향이 있다고 말한다면 당신은 매우 화가 날 수 있다. 그런 일이 있을 때는 당신의 진정한 동기가 무엇인지 자신을 돌아보는 것이 좋다.

당신의 돕고자 하는 마음 아래 여전히 당신은 기본적으로 엄격한 개혁가라는 것이 깔려 있다는 것을 기억하는 것이 좋다. 당신은 자신의 방법이 옳고 유일한 길이라는 강한 믿음을 갖고 있다. 당신은 사람들이 세상을 살아가는 데 여러 가지 옳은 방법들이 있다는 것과 무엇이 중요하고, 무엇이 중요하지 않은지에 대해 다른 가치와 이해를 가질 수 있다는 것을 알기 어렵다.

다른 사람들에게 진정으로 도움이 되기 위해서 당신은 그들의 가치관이 무엇인지 그리고 그들이 중요하다고 느끼는 것을 이해하고 인정할 필요가 있다. 그다음에 가능한 최선을 다해 그들의 삶과 세상을 이해할 수 있는 범위 내에서 그들이 최고가 되도록 도우라. 이런 식으로 일을 처리하면 당신은 진정으로 도움이 되는 사람이 될 것이다.

당신은 다른 사람들을 당신처럼 되게 하려는 강한 경향이 있다. 만약 당신의 좋은 방법보다는 그들 자신의 좋은 방법으로 성장하도록 도울 수 있다면 당신과 그들에게 좋을 것이다. 이런 식으로 일을 함으로써 당신은 진정으로 도움이 되는 사람이 될 것이고, 세상을 더 살기 좋은 곳으로 만드는 데 제 몫을 다할 것이다.

끝맺으며

당신은 매우 선하고 높은 수준의 원칙을 가지고 있는 사람이다. 세상의 나머지 사람들은 당신을 필요로 한다. 당신은 우리 모두에게 선한 사람이다. 각각의 성격은 자신만의 세계관을 가지고 있다. 각 성격은 세상을 다른 방식으로 경험한다. 모든 성격은 나름의 특별한 종류의 선함을 가지고 있고, 그 나름대로 그것을 보여 준다. 이 사실을 이해하고 인정하는 것은 여러분 자신과 다른 사람들을 올바르게 판단하는 데 매우 가치 있는 것이다. 좋은 사람이 되기 위한 방법에는 여러 가지가 있다. 이런 식으로 당신이 판단할 수 있을 때, 당신의 판단은 다른 사람에 대한 평가보다는 다른 종류의 선함과 아름다움에 대한 인정에 더 가까워진다.

가슴형의 세 유형

감정affect은 2유형 조력가, 3유형 성취가, 4유형 예술가를 함께 묶어 준다.

2유형 조력가: 외재화   다른 사람의 감정적인 삶을 영위
        강박 ⇨   도움을 주는 것
        함정   자기기만

3유형 성취가: 보류   일련의 감정을 공급하는 역할,
        ⇨   이미지를 모방
        강박   이미지 만들기
        함정   허영

4유형 예술가: 내면화   자기감정 안에서 살기
        강박 ⇨   자기표현
        함정   멜랑콜리

성장/발달

- '2유형 조력가'는 '4유형 예술가'처럼 보이고 자신의 내면의 감정을 알게 된다.
- '3유형 성취가'는 '6유형 충성가'처럼 보이고 자기중심에서 벗어나게 된다.
- '4유형 예술가'는 '1유형 개혁가'처럼 보이고 감정을 다스린다.

성격의 비통합

- '2유형 조력가'가 '8유형 도전가'처럼 보이면 이들은 히스테리 성 신경증hysterical neurosis을 일으킬 수 있다.
- '3유형 성취가'가 '9유형 화합가'처럼 보이면 이들은 자기도취 narcissistic에 빠지게 된다.
- '4유형 예술가'가 '2유형 조력가'처럼 보이면 이들은 우울증 depressive disorders에 빠질 수 있다.

날개

- 순응하는 성격인 '2유형 조력가'는 '3유형 성취가' 쪽으로 기울 때 더욱 순응하고 '1유형 개혁가' 쪽으로 기울 때는 덜 순응한다.
- '3유형 성취가'는 자기주장이 강한 성격으로 '2유형 조력가' 쪽 으로 기울 때 자기주장을 더욱 강하게 하고, '4유형 예술가' 쪽 으로 기울 때는 자기주장을 덜 하게 된다.
- '4유형 예술가'는 위축되는 성격으로 '5유형 사색가' 쪽으로 기울 때 더 위축되고, '3유형 성취가' 쪽으로 기울 때는 덜 위축된다.

2유형 조력가

충실한 조력가 ◁   ▷ 성취하는 조력가

2유형 조력가는 사랑스럽고 매혹적인 모습을 가지고 있다. 이 성격은 누군가가 자신을 원하지 않고, 사랑받지 못하고, 필요치 않게 되는 것을 두려워한다. 따라서 스스로를 매우 선하고, 사랑스러우며, 타인 중심적인 사람으로 나타낸다. 이 성격은 관대함과 도움을 주는 것을 통해 다른 사람들의 사랑을 얻으려고 노력한다. 2유형은 자신의 욕구와 약점("나는 다른 사람들을 위해 강해져야 해.")을 인식하는 데 큰 어려움을 겪는다. 그 결과 이 성격은 자신의 단점을 다른 사람들에게 투사한 다음 '그들의' 욕구를 충족시키기 위해 노력하는 경향이 있다.

젊은 2유형은 가깝고 친밀한 사랑의 관계를 공격적으로 추구함으로써 외로움에 대처하고 그 관계를 통제하려고 시도함으로써 자

신의 삶에 대한 통제 불능에 반응한다.

2유형은 세상을 그들이 필요로 하는 장소로 보고, 다른 사람들은 대부분 자신이 필요한 것을 모르는 곳으로 본다. 이러한 성격은 삶의 목적이 다른 사람들에게 그들의 욕구를 깨닫게 하고 충족시키는 것이라고 믿는다.

2유형은 자신의 노력에 호응하지 않는 사람에게 '죄책감'을 갖도록 하는 교활한 성격을 갖기 쉽다. 2유형은 자신이 필요하다고 느낄 때 힘을 얻는다. 이런 교묘한 조종은 두 가지 방향으로 작용할 수 있다. 사람들로 하여금 2유형에게 쉽게 죄책감에 빠지도록 할 수 있다. ("당신은 내 요구를 들어주지 않았어.") 2유형은 상호의존적 이해 가운데 만능 해결사가 되는 경향이 있다. 다른 사람들에게 계속 필요한 사람이 되어 2유형은 계속해서 '도움을 주는' 사람이 될 수 있다. 2유형은 "나는 당신이 필요해."라는 말에 강박적으로 응한다.

이 성격의 의식은 대체로 자신의 감정적 욕구를 알지 못한다. 그것이 설령 있다 하더라도 그들의 기교나 동기의 순수성을 의심하는 일은 드물다. 자기기만이야말로 이 성격의 함정이다. 다른 사람들을 돕는 순수한 동기보다 덜 맹목적인 자기기만은 다른 사람들의 성장을 파괴하고, 궁극적으로 그들 나름의 도와주려는 노력을 파괴할 수 있다.

인간관계에서 2유형은 초대받지 못한 곳에 가는 등 주제넘게 나서고, 공격적일 수 있다. 비록 알지 못하겠지만 이 성격은 성적으로 유혹적이고 강렬할 수 있다. 2유형의 자아상 때문에 인기를 얻고자 전념하고 긍정과 성취를 갈망한다. 2유형은 다른 사람들로부터 사랑과 인정을 받지 못하면 불평하게 되고 지독하리만치 적대적인 태도를 보일 수 있다. 2유형의 분노 버튼은 사실은 자기 잇속만 차리는 그의 동기를 지적하는 것이다.

적용

2유형은 가슴형 중 하나이다. 가슴형은 정체성을 알기 어려워하는 특징이 있다. 2유형은 다른 사람의 실제적 또는 예상하는 욕구와 이를 동일시한다. 2유형은 필요한 사람, 즉 사랑받기 위해 필요한 사람이 되어야 한다. 필요한 사람이 되는 것은 2유형에게 자긍심을 준다. 2유형의 성장 과제는 자긍심이 타인과의 관계와 무관한 것임을 알고 받아들이는 것이다. 거울을 바라보고 반사되는 것을 그대로 인정하는 훈련은 어렵겠지만 2유형에게는 매우 좋은 것이다. 어떤 의미에서 그것은 명상 훈련이다. 이를 통해 2유형은 보다 독립적이고 자기 결정 능력을 갖춘 사람이 된다.

2유형의 외로움은 인정을 받지 못했을 때 느껴지고, 우정과 사랑의 관계를 통해 이 외로움에서 벗어나려고 한다. 이러한 관계 속에서 친구와 연인은 2유형의 선함을 잘 보여 준다. 의존적으로 매달리는 결과를 초래할 수 있다. 젊은 2유형은 불행한 가정에서 탈출하고, 그것을 대신하는 것으로 종종 사랑하는 관계와 어린아이들을 찾는다. 불행한 2유형은 어린 시절에서 결코 벗어나지 않고, 하나의 의존적인 가족관계에서 다른 가족관계로 옮겨 가고 싶은 유혹을 받는다. 물론 이것은 나중에 나이가 들었을 때 비참한 결과를 가져올 수 있다.

　어린 소녀는 "나는 내가 누구인지 몰라. 그러나 나는 엄마가 될 수 있어. 내 아기는 내게 필요한 사랑을 줄 거야."라는 말을 할 수 있다. 어린 소년은 그의 여자 친구가 사랑을 줄 것이라고 말할 수 있다. 그러나 그들의 아기가 태어나게 되면 그는 버림받은 느낌을 받게 될 것이다.

　만약 2유형이 봉사활동에 참여하여 학교, 교회, 지역사회에서 활동을 돕고, 이를 통해 자신의 선함을 알게 된다면 성숙하지 않은 친밀한 관계에 대한 바람이 줄어들 것이다. 또한 2유형은 자립을 위한 방법으로 학업과 경력의 목표를 지속적으로 상기해야 한다.

　1날개를 가진 2유형은 3날개를 가진 2유형보다 이를 더 잘 이해한다. 후자의 경우에는 애정과 욕구의 관계에서 훨씬 더 의존적이다. 3날개를 가진 2유형은 도움을 주는 그들의 선함에 대해 자기기만적일 뿐만 아니라 관계를 맺고 유지하기 위해 교묘한 방법으로 다른 사람들을 속일 수 있다. 여기에서 상담자의 임무는 현실 검증을 위한 교사가 되는 것이다. 이러한 유형의 사람의 자기 계발에는 스스로에게 정직한 것이 필수적이다.

　상담자는 2유형에 대한 설명과 충고가 다른 유형의 설명보다 조금 더 설교적일 수 있다는 것을 알아차렸을 것이다. 어떤 면에서 이것은 '그들에게 그들 자신의 약을 복용하도록' 의도된 것이다. 이런 성격 유형은 남에게 그런 충고를 하면서도 자기 자신에게 그런 충고를 하지 않고 있는 것 같다.

　바라건대, 그들은 그들 자신의 목소리인 '주인의 목소리'를 듣기 바란다. 두 가지 2유형의 조력가들은 정말로 매우 다르다. 1날개를

가진 2유형은 조용하고, 보수적이고, 매우 신중하며, 1유형의 성격
이 그러는 것처럼 자기 안의 비판의 목소리를 듣는 데 정직한 사람
이 되고자 하는 성향이 있다. 3날개를 가진 2유형은 행동, 스타일,
옷을 입는 것에 있어서 보다 사교적이고, 매혹적인 경향이 있고, 양
심의 소리에 얽매이지 않는 경향이 있다. 3날개를 가진 2유형은 좀
더 꾸민 듯하고, 1날개를 가진 2유형보다 무의식적으로 자신의 감
정을 더 많이 연기할 것이다.

2유형은 다른 성별을 가진 상담자와 더 잘 어울리며, 상담자의
사랑과 관심을 받으려고 무척 노력한다. 이것은 바람직하고 필요
하지만 상담자는 내담자의 "전 다 좋아요. 그걸 아셨으면 좋겠어
요."와 같은 자기기만의 일부가 될 수 있다는 것을 알아야 한다. 만
약 상담자가 내담자의 선함에 대해서 주기적으로 인정하지 않는다
면 2유형은 함께하기 몹시 어려운 사람이 된다.

2유형은 5유형 사색가처럼 자신의 감정과 동떨어져 있을 수 있
다. 2유형과 5유형의 차이점은 상담이 진행될 때 5유형은 자신의
감정을 찾아 매우 건조한 눈으로 내려보는 경향이 있는 반면에 2유
형은 그들의 감정을 다루는 것을 피하기 위해서 젖은 눈으로 천장
을 올려다보는 경향이 있다는 점이다.

3날개를 가진 2유형은 7유형 열정가와 동일시하기도 한다. 여기
서 주목할 만한 차이점은 2유형은 오래 지속되는 인간관계를 바라
지만 7유형은 이를 피하려고 한다는 것이다.

청소년들에게는 날개 유형이 아직 명확하게 정해지지 않는다.
날개 유형은 20대 중반이 되어서야 완성된다.

상담자는 자신의 관찰과 경험에 의존할 필요가 있다. 당신도 알

고 있겠지만 너무 서둘러 유형을 확정하는 것은 오히려 역효과를 가져온다.

네 방향의 영향

평화의 길

나는 공감한다.
[예술가]

나는 용서한다.　　　　나는 충분히 착하다.　　　　나는 정직하다.
[개혁가]　　　　　　　　[조력가]　　　　　　　　[성취가]

나는 독립적이다.
[도전가]

'2유형 조력가'가 '4유형 예술가'처럼 보일 때

2유형이 자신의 감정과 욕구를 받아들이면 건강한 4유형처럼 다른 사람들의 감정에 대해 진심으로 지각하고 이해하게 되며, 건강한 3유형처럼 자의식을 개발하고, 건강한 8유형처럼 부드럽게 자기주장을 하게 된다.

'2유형 조력가'가 '8유형 도전가'처럼 보일 때

자신의 타고난 선함을 신뢰하지 않는 불건강한 2유형은 불건강한
8유형처럼 통제하고, 선을 넘고, 불건강한 3유형처럼 자기를 높이고,
불건강한 4유형처럼 자기 연민의 세상에 살고, 불건강한 1유형처럼
자신을 구원하기 위한 자기방어적인 의로움으로 가득 차게 된다.

상담 접근법

- 그렇다, 비록 우리가 사심 없이 도와준다는 것은 관용에 대한
  보답을 기대하지 않는 것이라는 것을 알지라도 때때로 우리가
  그들을 위해서 하는 일에 대해 누구도 인정해 주지 않는다는
  것을 느낄 필요가 있다.
- 그렇다, 우리가 다른 사람들에게 진실하고 정직해질 수 있기

전에 우리는 다른 사람들에게 충분히 좋은 사람이라는 것을
믿으며 스스로에게 그렇게 되어야 한다.

- 그렇다, 우리가 우리 자신을 사랑하고 우리 자신의 선함을 신
  뢰하게 되면 우리는 그들이 우리에게 의존하도록 조종할 필요
  가 없다.

- 그렇다, 용서는 승인이 아니라 수용이다. 용서는 우리를 다른
  사람들에게, 다른 사람들을 우리에게 결속시키고, 그것은 우
  리 모두를 더욱 자신감 있고 독립적으로 만드는 방식으로 그
  렇게 한다.

- 그렇다, 우리가 진정으로 사랑할 때 우리는 자신에 대해 생각
  하지 않고 우리가 얼마나 '좋은' 사람인가를 생각한다. 우리가
  이것을 '몸에 지니고 있으려' 하는 것을 멈추었을 때 우리의 선
  함이 드러난다.

조력가에 대한 설명

개괄적 묘사

만약 당신이 진정으로 조력가라면 자신이 원하고 필요로 하는
사랑과 관심을 얻기 위해 자신이 도움이 되어야 한다는 것을 일찍
부터 배웠을 것이다. 집안일을 하면서, 어린 동생들을 돌보면서,
부모님의 심부름을 하면서 당신은 주목받고, 인정받고, 칭찬받고,
사랑받는 것을 기대하였다.

당신이 도움되고 제대로 '이행'하였을 때 당신은 칭찬을 받았고, 사랑을 받는다고 느꼈으며, 사람들이 필요로 하고 원하는 사람임을 느꼈다. 당신이 돕기 위해 최선을 다했지만 자신의 노력이 간과되었을 때, 당신은 이용당하고, 인정받지 못한다고 느끼고 분노한다.

다른 사람들을 사랑하는 것과 돕는 것은 당신의 주요 관심사이다. 당신에게 우정은 어떤 것보다 중요하다. 피상적인 우정이 아니라 진정한 돌봄, 나눔, 변하지 않는 우정이 중요하다. 당신은 좋은 친구와 조언자가 되기 위해 열심히 노력한다. 당신은 사람들을 좋아하는 사람이다. 당신은 좋은 친구를 사귄다. 그리고 도움이 필요한 사람들에게 위로해 주고 인도해 준다. 당신이 보여 준 사랑을 돌려주는 것은 사람들에게 좋다. 당신은 그들이 더 완전한 인간이 되도록 돕는다. 당신 같은 사람이 없다면 세상은 매우 심각한 곤경에 처할 것이다. 사람들을 사랑하고 돕는 일을 멈추지 말라. 그리고 꼭 당신 자신도 그 사람들 중 하나에 포함시키라.

당신은 다른 사람들을 위해 한 일들에 대해 감사하게 여겨 주기를 기대하는 경향이 있다. 감사받지 못하는 것은 당신이 정말로 사랑할 가치가 있는 좋은 사람인지 의심하게 만든다. 당신이 아끼는 누군가가 당신에게 감사하지 않는 것처럼 보일 때, 마치 그들이 당신을 사랑하지도, 신경 쓰지도 않는다고 말하는 것 같다.

이것은 당연히 당신의 감정을 상하게 하고 그들에게 화를 내게 한다. 당신은 사랑받기를 몹시 원한다. 당신은 스스로를 사랑하는 데 어려움을 겪는다. (왜냐하면 당신의 선함을 보지 못하기 때문이다.) 그래서 당신은 자신이 사랑할 가치가 있다고 느끼도록 다른 사람들에게 의지한다.

　당신은 자신을 고맙게 여기지 않는 사람들에게 짜증을 낼 수도 있고, 심지어 못되게 굴 수도 있다. 때때로 당신은 그들이 당신에게 더 많은 관심을 기울이지 않는 것에 대해 죄책감을 느끼게 하는 방법을 찾기도 한다. "내가 잘해 주고 도움이 되었는데도 네가 신경 쓰지 않았기 때문에 나는 못되게 굴어서 너를 화나게 할 거야. 그럼 적어도 그때에는 나에게 관심을 기울이겠지."

　만약 당신이 집에서 받아야 할 사랑과 관심을 받지 못한다면 당신은 그것을 얻으러 다른 곳으로 갈 것이다. 당신은 사랑하는 사람이 자신에게 끌리도록 외모를 매력적으로 만드는 방법을 알고 있다. 당신은 친구들이 하는 것에 동조할 것이다. 그리고 당신은 그들과의 우정을 지키기 위해 그들을 매우 관대하게 대할 것이다.

　당신이 매력을 느끼는 사람은 당신을 있는 그대로 사랑하고 존중하며 대하는 사람이다. 그러나 당신이 매력적으로 보이고 싶은 이런 종류의 연인은 종종 성관계에 더 관심이 있다. 아마도 사귀는 것은 그다음일 것이다.

　이것이 당신을 실망시킨다. 당신은 깊고 오랫동안 변치 않는 관계가 생기고 나서 오랜 후에 성관계가 따라오길 바란다. 당신은 사람들이 매력적이라고 생각하는 방식으로 저절로 행동하기 때문에 무의식적으로 이를 자초한다.

　당신은 때때로 너무 사랑을 받고 싶어서 자신의 상상 속으로 달아난다. 그리고 상대방이 그렇지 않음에도 그 사람이 당신을 깊이 그리고 지속적으로 사랑한다고 스스로 믿게 된다. 이렇게 함으로써 당신은 자신을 속이고 악용하는 것에 대해 마음을 열게 된다.

　당신의 상태가 최고조일 때, 당신은 매우 자상하고, 관대하고, 이

타적인 사람이 된다. 당신 같은 사람이 없다면 이 세상은 매우 험난할 것이다. 불행하게도 당신은 다른 사람들의 욕구에 지나치게 집중하느라 자신의 욕구는 알아차리지 못한다. 당신은 자신을 사랑하고 아끼기보다 다른 사람을 훨씬 더 사랑하고 아끼는 경향이 있다.

자기도 모르게 당신은 매우 외로워지고 그것을 알아차리지 못할 수 있다. 이런 일이 일어날 때, 당신은 다른 사람들에게서 외로움을 보고 그들을 돌보기 위해 그들에게 다가갈 것이다. 이런 일은 당신이 누군가를 사랑하고 있을 때도 일어날 수 있다. 극장에 있는 영사기처럼 그들에게 당신의 사랑을 투영하고 당신이 그 사람들을 사랑하는 만큼 그들도 당신을 사랑할 것이라고 생각하는 경향이 있다.

당신의 상태가 최악일 때, 당신이 사랑받고 싶어하는 사람들이 '억지로' 당신을 사랑할 수 있게 관심을 지나치게 요구할 수 있다. 또한 지나치게 사랑과 인정을 받기 원하면서 당신을 사랑해 주었으면 하는 사람들에게 분노함으로써 당신은 스스로를 약해지고 병이 들도록 내버려 두어서 그들이 당신을 사랑하도록 할 수 있다. 어떤 조력가들은 그토록 원하는 보살핌을 받기 위해 소극적인 자살 시도를 하기도 한다.

조언

당신에게 필요한 사랑은 다른 사람들이 당신에게 줄 수 없는 것이다. 다른 사람들이 당신을 아무리 사랑하고 아껴 주어도 결코 충분하지 않을 것이다. 당신은 절대로 만족하지 못할 것이다. 당신을 진정으로 사랑해야 할 사람은 바로 당신이다. 거울에 비친 자기 자신을 보고 자신에게 비친 그 사람을 사랑해야 한다. 매우 진지하게, 다른 사람들이 당신을 고맙게 생각하든 말든 당신은 정말로 자신이 스스로 훌륭하고, 가치 있고, 매우 사랑스러운 사람이라고 믿어야 한다. 당신에게 필요한 사랑은 당신 안에 있다. 당신에게는 누군가에게 줄 수 있는 엄청난 사랑이 있다. 먼저, 그 사랑을 자신에게 주고, 독립적이고 자립심이 강한 사람이 되기 위해 해야 할 모든 일을 스스로 해야 한다. "나 혼자 잘 지내고 있어. 고마워."라고 말할 수 있는 사람이 되어야 한다.

일단 당신이 이를 스스로 할 수 있게 되면 자신이 주어야만 하는 사랑이 정말 필요한 다른 사람들을 위한 훌륭한 기부자, 도와주는 사람, 조력가가 될 수 있을 것이다. "자신을 먼저 챙기는 법을 알기 전에는 다른 사람을 돌볼 수 없다."는 말은 진리이다.

두 가지의 길

건강과 성장의 길

자신의 가장 친한 친구가 되기 위해 노력하고, 사랑이 모든 것을 정복하지 않는다는 사실을 받아들이려고 노력하라. 다른 사람을 돕고 사랑하는 것이 다른 사람으로 하여금 당신을 사랑하게 만들거나 당신이 원하는 방식으로 그들을 변화시킬 수 없다는 것이다.

건강한 2유형은 선한 일은 그 자체로 할 가치가 있기에 다른 사람들을 위해 선한 일을 하는 이타적인 사랑을 하는 사람이다.

경고(문제 발생의 징조)

당신이 사랑스럽고 자비로운 사람임을 증명하기 위해 지나치게 노력하는 것, 지나치게 다정하고 강압적이 되어 가는 것, "사람들은 나 없이는 안 돼."와 같이 자신을 꼭 필요한 존재로 느끼는 것, 다른 사람들이 의지할 곳이 없다고 여기고 그들을 다루는 것, 그들에게 더 도움이 되지 못하는 것에 대한 죄책감, 다른 사람들의 문제에 대해 자기 자신을 비난하는 것, 다른 사람들이 당신에게 죄책감을 느끼도록 하는 것

불건강과 붕괴의 길

자기 연민, 다른 사람들의 마음과 감정을 이용하여 다른 사람들이 더욱 당신을 의지하고, 필요로 하고, 당신에게 관심을 주고, 칭찬하게 하는 것, 인정받지 못하는 것에 대한 분노와 쓰라림으로 병을 얻게 되어 몸이 아파 다른 사람들이 당신을 돌보게 되는 것, 자칫 잘못하면 성공할 수 있는 자살 시도

성장의 단계
① 당신 내면이 어떻게 느끼고 있는지 더욱 집중하라. 당신 안에 선함을 알라. 당신 스스로가 자신의 가장 좋은 친구가 되라.
② 당신 자신에게 좋은 친구가 되기 위해 필요한 모든 것을 행하

라. 당신 자신을 위해 선하고 실제적인 일을 하라. 이것이 당
신을 자립적이고 강한 사람으로 만들 것이다.

③ 세상에 있는 모든 사랑과 아름다움을 알아차릴 수 있는 시간
을 가지라. 당신이 열심히 찾고 있는 그 사랑은 자신이 보지
못할 뿐 주변에 있다.

④ 당신이 보고, 듣고, 냄새 맡고, 느끼고, 맛보고, 만질 수 있는
세상에 대한 좋은 관찰자가 되고 세상이 어떻게 돌아가는지
당신이 할 수 있는 모든 것을 배우라. 또한 당신의 경험에서
배우라. 실수는 없고 오직 배움의 기회만 있다.

⑤ 솔선해서 하라. 진정으로 도움이 필요한 사람들에게 정말로
도움이 될 수 있는 가장 최선의 방법을 배우고, 그러고 나서
그것을 행하라. 처음부터 완벽하게 할 필요는 없기 때문에 무
엇인가 일단 시작하고 하면서 배우는 것도 괜찮다.

이제 당신은 독립적이고 강해졌다. 다른 사람들이 이렇게 되도
록 도우라.

당신의 영성

"받는 것보다 주는 것이 더 좋다."가 당신이 가진 영성이다. 모든
종류의 자선활동, 종교활동, 사회활동, 의료기관의 스태프들은 당
신과 같은 사람들이다.

이런 영성이 가지는 어려움은, 조력가들은 그들 안의 선함을 알

고 경험하기 전에 선함을 주고 싶어한다는 것이다. 이런 영성은
"나는 가장 위대한 존재에게 사랑받고 있다는 것을 알아. 그래서
나는 이 사랑을 당신과 나누고 싶어."가 아닌 "나는 사랑받기 위해
베풀어."가 되는 것이다.

　조력가들이 사랑받기를 몹시 원함에도 불구하고 그들은 일반적
으로 먼저 사랑을 '얻으려고' 하지, 그저 받기만 하는 것을 어려워
한다. 당신을 사랑하지 않는다고 확신하는 사람의 사랑을 경험하
는 것은 어려운 일이다. 당신의 태도는 진짜를 경험하는 데 걸림돌
이 된다. 이것은 사람과 하느님의 관계에서도 마찬가지이다.

　당신에게 도움이 될 만한 방법은 아마도 당신 부모에 대한 이미
지와는 다른 '더 높은 차원의 권력'의 이미지를 스스로 찾거나 형상
화하는 것이다. 선물을 주는 사람, 조력가로 당신이 처음 사랑을 했
던 누군가의 이미지로 태어나기 전에 당신의 선함을 보고 당신이
그 사랑을 '얻기' 전에 사랑했던 사랑의 신의 모습을 찾거나 형상화
한다. "나는 하느님께 충분하니까 충분히 좋은 사람이야. 하느님은
나를 만드셨고, 하느님은 쓰레기를 만들지는 않으시니까."

　당신이 자신의 삶에서 이렇게 하지 못했다면 꼭 그럴 기회를 잡
으라. 선하고 보살피는 하느님의 형상을 만들라. 그 가능성을 믿으
라. 수 세기에 걸쳐 수백만의 사람들이 한번 이렇게 하면 눈이 뜨이
고, 자신이 믿었던 것이 사실이라는 것을 알게 되었다고 말해 왔다.

　많은 영성과 종교들은 신에 대한 개인적인 경험에서 오는 오래
된 전통이 만든 신의 형상을 가지고 있다. 많은 사람은 이 경험을
'선함의 강'이라고 부르는데, 그것은 하느님에게서 나와 그들을 채
우고 나서 다른 사람들에게 흘러들어 간다.

날개 유형

두 유형의 조력가가 있다.

충실한 조력가(1날개를 가진 2유형)

당신은 다른 사람들을 위해 최선을 다할 것을 요구하는 매우 엄격한 양심을 가지고 있다. 사람들은 당신이 그들을 더 돕지 않는 것에 대해 죄책감을 느끼게 할 수 있다. 당신은 자신의 감정과 원칙 사이에 갈등을 가지고 있다. 당신은 사람들이 사는 방식에 대해 강한 호불호를 가지고 있고, 모든 사람을 언제나 사랑하지 않는 것에 대한 죄책감을 느끼는 경향이 있다.

당신이 그들을 어떻게 느끼는지 상관없이 당신은 그들을 공정하고 사랑스럽게 대하고자 한다. 당신은 어떤 사람들이 자신이 바라는 대로 생각하지 않거나 행동하지 않는다는 이유로 업신여기는 경향이 있다. 당신은 자신에 대한 분노를 속으로 삭이려고 노력하지만 설교를 할 수도 있다. 당신은 아마도 이렇게 될 수도 있다는 것을 인정하기 어려워할 수도 있고, 이런 자신의 모습을 보게 될 때 이런 '나쁜 감정들' 때문에 자기 비하를 할 수도 있다.

감정들은 그 자체로 좋거나 나쁘다고 할 수 없다. 감정은 그냥 감정일 뿐이고, 감정은 당신 안에서 채워져 있어서는 안 된다. 만약 당신이 사람들을 있는 그대로를 받아들이는 법과 있는 그대로 살아가는 법을 배운다면, 다른 사람들을 이야깃거리로 만들고 싶은 유혹을 떨칠 수 있을 것이다.

당신은 다른 사람들을 통제하려는 경향이 있고, 그 사람들이 죄 책감을 느끼게 해서 당신이 원하는 대로 살아가게 만들려는 경향 이 있다. 당신은 그들이 당신에게 협조하지 않을 때 매우 화를 낼 수 있다. 당신이 이런 식인 이유는 자신이 의도해서 그런 것이 아니 라 다른 사람에게 진심으로 마음을 쓰고 그들이 행복해지기를 바 라기 때문이다.

당신은 이런 일 때문에 자기 비하를 할 필요가 없다. 당신이 다른 사람들을 변화시킬 수 없고, 다른 사람들이 당신을 사랑하게 만들 수 없다는 것을 알면서도 인내심 있게 다른 사람들을 도우려고 노 력하는 자신의 모습에 대해 매우 솔직해질 필요가 있다.

성취하는 조력가(3날개를 가진 2유형)

당신은 매우 다정하고 외향적이며 친구들이 많다. 당신은 사람 들과 쉽게 어울리고 사람들을 자연스럽게 끌어당긴다. 당신은 다른 사람들에게 매우 유용한 사람이고 쉽게 그들과 함께 웃고 울어 줄 수 있다. 이렇게 되는 것이 당신에게 매우 중요한 일이기도 하다.

당신은 사랑받고자 하는 욕구 때문에 자신의 원칙을 희생하여 사랑하는 관계를 계속 지속하고자 하는 경향이 있다. 당신은 어쩌 면 다른 사람들을 지나치게 의지해서 다른 사람들이 당신에게 의 지하게 되기를 바라고 그들이 진정으로 자립해야 할 때도 언제나 그들을 도우려는 경향이 있다. 당신은 그들의 사랑을 잃을까 두려 워한다.

　당신은 사랑하는 관계에 있어 금방 심각해지며, 거의 즉시 영원하고 충실한 관계가 되기를 기대한다. 당신은 다른 사람들에게 감정적으로 연결되는 것의 속도를 늦출 필요가 있다.

　영원한 사랑의 관계 안에 정착하기 전에 독립적이고 자립적인 사람으로 잠깐 혼자 살아보라. 당신이 사람들을 덜 필요로 하게 될 때, 당신은 그들을 더 사랑할 수 있게 된다.

끝맺으며

　자기 자신을 사랑하는 법을 배우지 못하고 자신의 선함을 보지 못하는 조력가에게 종종 생길 수 있는 일은 매우 이기적('나 먼저') 이 되어 옹졸하게 되는 것이다. 이들은 거만하고 허영심이 생길 수 있으며 주위의 모든 사람을 응징할 수 있다. 다시 말해, 그가 사랑하는 사람들을 내쫓게 될 수도 있다. 이들은 가끔 스스로에 대해 나쁜 생각을 하기 시작하고 자기 스스로 사랑받을 만한 가치가 없다는 것을 '증명하기' 위한 행동을 하기도 한다.

　또 이런 조력가에게 생길 수 있는 일은 매우 집착하고, 불평하고, 소유하고자 하고, 사람들에게 사랑을 강요하고, 돌보도록 하는 죄책감을 강요하는 속수무책인 사람이 되어 가는 것이다.

　이것은 그들이 이런 식으로 되는 것을 원해서 생기는 일이 아니다. 이는 조력가들이 믿음의 도약을 할 수 없었기 때문에 생기는 일이다. 이들은 절벽에서 뛰어내려 허공에 발을 단단히 딛고 자신의 선함과 아름다움을 믿을 수 없다.

슬픈 점은 이러한 선함과 아름다움은 언제나 그곳에 있다는 것이다. 그것은 하느님으로부터 온 그들 본래의 축복이다. 이러한 선함과 아름다움은 파괴될 수 없으며 단지 가려져 있을 뿐이다.

세상에는 많고 많은 사람이 자신의 선함을 믿지 못한다. 조력가로서 당신이 가지고 있는 최고의 은사는 다른 사람들이 자신의 선함을 느낄 수 있도록 도울 수 있는 것이다.

당신은 어느 누구도 자신을 위해 할 수 없는 것을 다른 사람들을 위해 할 수 있다. 당신은 그들이 그들 자신의 선함을 느끼도록 도울 수 있다. 당신이 해야 할 일은 우선 자신을 사랑하기로 마음을 먹는 것이다. 그리고 행동으로 옮기는 것이다. 일단 그렇게 하면, 당신은 그것을 증명할 필요성을 느끼지 못할 것이다. 아니면 증명할 수 있다면 당신은 매우 행복해질 것이다.

3유형 성취가

연인 ◁   ▷ 일 중독자

3유형 성취가는 자신을 가장 성공할 사람인 것처럼 드러낸다. 이 성격이 가장 두려워하는 것은 다른 사람들의 눈에 실패한 것처럼 보이는 것이다. 그러므로 3유형은 칭찬받을 만한 것은 무엇이든 '가장 좋은 것과 아름다운 것으로' 자신을 감추려 한다. 3유형은 이미지에 매우 경쟁적이고, 모든 상황에서 멋있어 보이기 위해 매우 열심히 일하며, 자기표현에 있어 대단한 유연성을 가진다. 3유형인 사람의 생존은 성공한 것처럼 보이는 것에 달려 있다.

젊은 3유형은 또래들에게 인기를 얻으려고 애쓰면서 외로움의 감정을 다루고 권위를 가진 사람들에게 환심을 사면서 자신의 삶에 대한 통제력의 부족을 다룬다.

이 성격은 진정으로 남을 의식하는 나르시시스트(자기 자신을 사랑하거나 훌륭하다고 여기는 사람)이다. 대부분의 젊은 사람은 자신의 외모에 신경 쓰고, 또래 그룹에 어울리기 위해 고민한다. 언제나 매력적이고 협조적인 모습을 보이는 3유형은 많은 에너지와 자신감을 가진 외향적인 사람으로 외모, 그룹, 지위의 모범으로 부각되는 것만큼 적응하는 데에는 별로 관심이 없다. 허영심은 3유형의 성격적인 함정으로 감동을 주고 싶어하는 바로 그 사람들을 소외시킨다.

이 성격은 매우 영리하며 다층적인 사고를 하는 사람이고, 다양한 사실들, 동기들, 계획들, 이해관계들, 자기표현들을 동시에 효율적으로 조작할 수 있다. 뛰어난 사기꾼이며 그 능력이 훌륭하다. 이 성격은 자신을 법 위에 있다고 보고 자신이 원하는 것을 얻기 위해서는 무엇이든 마음대로 할 수 있는 강한 성향을 가지고 있다.

사람들은 3유형이 감정적으로 피상적이라는 것을 종종 경험하게 된다. 왜냐하면 3유형은 그 당시에 행동하고 있는 인물의 페르소나를 표현하는 데 초점을 맞추기 때문이다. 이 성격은 역할극을 통해 풍부한 감정을 경험한다.

3유형은 스스로 성공할 수 있는 능력에 대해 자신감을 가진 절대적인 낙관주의자이다. 잠재적인 실패에 직면하였을 때 이 성격은 개인적인 인간관계에 해를 끼치게 되고 다른 사람들의 자신감을 드러내 버린다. 실제로 실패에 직면하였을 때 이 성격은 환심을 사기 위한 뉘우침과 개선할 수 있다는 자신감 있는 결의를 보일 것이다.

적용

3유형은 세 가지 가슴형에 속해 있지만 3유형에 대한 감정들은
매우 불가사의하다. ("이들은 무엇이지?") 이 유형은 완전히 바깥쪽
을 바라보고, 그들에게 자신의 내면을 들여다보라고 하는 말은 통하
지 않는다. 3유형이 다른 사람들의 감정에 민감해지도록 돕는 것은
필요하며, 이는 3유형의 모방적 상상력을 통해 이루어질 수 있다.
그들은 이런 역할극을 통해 그들 자신의 감정을 '소유'할 수 있다.

2날개를 가진 3유형은 이미지 제고를 위해 인간관계에 빠져 있
으며, 매우 경쟁적이며 질투가 많다. 응원단이나 축구팀에 선발되
지 못하는 것은 치명적일 수 있다. 2날개를 가진 3유형은 거절을
받아들이지 않을 것이고, 결정이 번복될 때까지 부단히 애를 쓸 것
이다. 거절당한다는 것은 이 유형을 호전적이고 생존의 자세를 취
하게 한다. 이 유형에게는 눈에 띄는 대안이 제공되어야 한다. 그
렇지 않으면 곤란하게 될 수 있다. 3유형은 존경받는 부모가 있고
그 부모는 학생만큼 말썽을 피울 수 있다.

4날개를 가진 3유형은 올림픽 선수가 가지는 특성의 성격을 가
지고 있다. 성공은 바로 이 사람이 누구인지를 말해 주는 것이다.
이 유형은 혼신의 힘을 다해 그것을 추구할 것이다. 이 거대한 자신
감은 현실성을 대신할 수 있으며, 상담자는 학생이 점증적이고 현
실성 있는 목표를 선택할 수 있도록 도와야 한다. 실패는 치명적일
수 있다. 하지만 지방의 전문대학이 하버드 대학교보다 더 실용적
일 수 있고, 그래서 낙관적인 대안들을 완전히 거절하지 말고 현실

적인 목표들은 협상이 이루어져야 한다. 그 사람이 의욕적이고 결단력이 있다면 성취에 있어 이 유형이 어디까지 갈 수 있는지 아무도 모른다.

3유형의 성격 때문에 에니어그램은 성격 유형론의 영역에 특별한 기여를 하게 된다. 서구사회에서는 최근까지도 이를 인정하는 것은 너무 정곡을 찌르는 일일지도 모른다.

어떤 면에서 3유형은 본질적인 자기 이미지를 갖지 않기 때문에 3유형은 다른 유형들과 같은 의미의 성격 유형이 아닐 수도 있다. 그들은 자신의 목표에 맞추기 위해 다른 모든 사람의 이미지를 차용한다. 3유형은 다른 유형처럼 무엇인가 결핍되었다는 느낌을 가지고 있지 않다.

팔머[1]는 3유형을 일 중독자인 A형(Type A: 긴장하고 성급하며 경쟁적인 것이 특징)의 성격으로 구분하였고, 리소[2]는 이를 나르시시즘으로 묘사하였다. 이 구분과 묘사는 아마도 팔머는 4날개를 가진 3유형을, 리소는 2날개를 가진 3유형에 집중한 결과로 보인다.

청소년들에게는 날개 유형이 아직 명확하게 정해지지 않는다. 날개 유형은 20대 중반이 되어서야 완성된다.

상담자는 자신의 관찰과 경험에 의존할 필요가 있다. 당신도 알고 있겠지만 너무 서둘러 유형을 확정하는 것은 오히려 역효과를 가져온다.

높은 불안 상태에 있는 3유형은 상담 환경에 협조하기 힘들 수

---

1) Helen Palmer, *The Enneagram*, p. 62ff.
2) Don Riso, *Understanding the Enneagram*, p. 229ff.

있다. 부정적인 코멘트나 그 혹은 그녀의 진실성에 대한 도전으로 인식되는 어떤 것이든 부정으로 귀결되거나 폭발적 상황을 야기할 가능성이 있다. 이런 종류의 개입은 분명히 높은 긍정적인 평가를 받는 맥락 안에서 이루어져야 한다. ("너는 훌륭한 사람이며 매우 잘하고 있지만 우리는 이러한 상황을 살펴봐야 해.")

네 방향의 영향

'3유형 성취가'가 '6유형 충성가'처럼 보일 때

건강한 3유형은 타고난 선함의 무게를 받아들이고 사회에 동화되어 건강한 6유형처럼 다른 사람들에게 헌신하게 되고, 건강한 4유형처럼 다른 사람의 감정에 민감하게 되며, 건강한 9유형처럼 협조적이 되고, 건강한 2유형처럼 사심 없이 너그러워진다.

'3유형 성취가'가 '9유형 화합가'처럼 보일 때

불건강한 3유형은 불건강한 9유형처럼 자신에 대한 모든 감각을 잃어버리고, 불건강한 4유형처럼 윤리적인 엘리트주의자(자신은 면제받는)가 되고, 불건강한 6유형처럼 잔인해지고, 불건강한 2유형처럼 오만하고 교활한 이기심을 발전시킨다.

상담 접근법

- 그렇다, 진정한 안정은 좋은 친구들을 사귀는 것이고 그들에게 충실하고 정직하게 대하는 것이다. 그렇지 않으면 우리는 외로 워지고 두려워하게 된다.
- 그렇다, 우리가 '인류에 참여'하고 스스로를 평범한 인간으로 받 아들이게 되면 우리는 다른 사람들의 기분을 이해하고 인정할

수 있게 된다.

- 그렇다, 우리가 성공으로 가는 지름길을 선택하고 현실과는 다른 척하는 대신에 자신과 다른 사람들에게 정직할 때 우리 자신에 대해 훨씬 더 자부심을 느낄 수 있다.
- 그렇다, 정직하고 관대한 사람이 되는 것은 이기적인 척하고 행동하는 것보다 훨씬 기분 좋은 일이다.
- 그렇다, 당신은 훌륭한 재능을 가지고 있고, 다른 사람들은 당신을 우러러보고 흉내 내려 할 것이다. 그래서 당신이 성공을 위해 열심히 노력하고, 배려하고, 정직한 사람으로 보는 것이 매우 중요하다. 이것이야말로 당신을 진정으로 존경할 만한 사람으로 만들어 줄 것이다.

성취가에 대한 설명

개괄적 묘사

만약 당신이 진정으로 성취가라면 어린 시절에 자신을 자랑스럽게 만들었던 것들을 잘 해내면서 부모님으로부터 많은 관심과 칭찬을 받았을 것이다. 당신은 부모님을 위해 무엇인가를 성취함으로써 당신에게 필요한 인정과 사랑을 받았다. 이것은 아마도 스스로 만족감을 느끼게 했을 것이고, 그래서 당신은 늘 성공해야 할 필요가 있었다. '성공적으로 보이는 것'에 실패한다는 것은 당신에게 있어 중요한 모든 것을 잃어버린다는 의미이다.

성공은 당신의 주요 초점이다. 당신은 매력적이고 열심히 노력하고 성공 지향적인 사람이다. 당신은 사람들 앞에서 성과를 내는 것을 즐기고 다른 사람들의 칭찬에 감사한다. 또한 당신은 매우 경쟁심이 강하다. 당신에게 성공이란 뛰어남, 다른 사람보다 더 잘하는 것, 다른 사람들보다 더 좋게 보이는 것을 의미한다. 당신은 존경받는 것을 즐기고, 그렇게 되기 위해 열심히 노력할 것이다.

당신은 다른 사람들이 당신이 어떻게 되기를 원하는지 알고 그들을 위해 기꺼이 그렇게 될 수 있다. 당신의 상태가 최고조이고 당신이 진정한 자신이 되도록 노력할 때 진실하고 진심으로 존경할 만한 사람이 된다. 당신은 누구라도 열심히 하면 된다는 것을 보여줌으로써 다른 사람에게 감동을 주는 훌륭한 본보기가 된다.

당신은 타고난 연기자이다. 사람들에게 당신이 원하는 대로 당신을 볼 수 있게 만들 수 있기 때문이다. 당신은 자신의 목표를 달성하는 데 도움을 줄 수 있는 성격이 되고, 어떤 역할, 행동도 다 할 수 있다. 이 말은 당신의 상태가 최악일 때, 만약 당신이 그렇게 하기로 한다면 당신은 매우 잘 '속일 수 있다'. 만약 자신이 원한다면 당신은 사기꾼이 될 수 있다. 다른 사람들에게 좋게 보이고, 그들을 기쁘게 하고, 당신이 원하는 대로 당신을 볼 수 있게 만들 수 있다.

외모를 바꾸는 이러한 능력은 당신에게 문제가 될 수 있다. 당신은 이 능력을 이용해서 성실함과 노력의 결과로서의 자신의 있는 그대로의 모습을 보여 줄 수 있거나 지름길로 가서 단지 자신이 원하는 식으로 보일 수도 있다. 이것은 모두 진실성에 관한 문제이다. 당신이 진짜 누구인지 그리고 당신이 되고자 하는 것에 대해 스스로에게 솔직해지는 것, 다른 사람에게 정직하게 대하고 있는 그대로의 자신을 보여 주는 것이다.

진실한 성취가는 다른 사람들의 찬양을 받을 것이다. 진실성이 없는 성취가는 다른 사람들의 찬양을 얻기 위해 그들을 기만할 것이다. 최악의 상태일 때 성취가는 매우 거만해지고 탐욕스러워진다. 이런 사람들은 자아의식이 거의 없다. 이들은 사기꾼이 된다. 이들은 자신을 위한 모든 것을 원하고, 다른 사람들에게 인기를 얻고 존경받는 사람이 되도록 그들이 원하는 것을 얻기 위해 필요한 것은 무엇이든 한다. 그들에게 선함이란 표면적인 현실이다. 그것은 영리하고 매력적이며, 육체적 아름다움에 있다. 외모는 실재보다 중요하다.

두 가지의 길

건강과 성장의 길

옳고 그름에 대한 강한 자각을 키우도록 노력하라. 정직하고 진실하고 자신감과 책임감을 갖고 충실하게 열심히 노력하라. 다른 사람들에게 진정한 당신을 보여 주라(연기하지 말고). 건강한 3유형은 선한 일을 할 것이며, 또 아주 잘할 것이다. 그래서 그들은 존경받을 만한 가치가 있을 것이다.

불건강과 붕괴의 길

극단적인 이기주의, 충동적인 거짓말, 다른 사람들의 명성과 성공과 행복을 파괴하기 위한 악의적인 행동 그리고 그런 행동을 하면서도 '명예로운 척'하는 것

성장의 단계

① 좋은 친구가 되고 정직하고 높은 수준의 도덕적 가치를 가진 사람이 된다면 당신은 존재 자체로, 당신이 행동하는 것 그 자체로 자신이 추구하는 사랑, 존경, 존중을 받을 만한 사람이 될 것이다.

② 다른 누군가의 자리를 빼앗는 것보다 마땅히 받아야 할 자신의 자리를 만들라. 자신이 될 수 있는 가장 효율적이고 유능한 사람이 되기 위해 필요한 지식, 기술 및 경험을 습득하기 위해 필요한 일을 하라.

③ 이를 행하는 가운데 당신은 자신이 찾던 성공, 행복, 사랑을

찾을 것이다. 당신은 자신감, 튼튼한 안정감 그리고 무엇보다도 강한 자기 정체성을 갖게 될 것이다.

당신의 영성

미덕은 잘 살 수 있도록 도와주는 인간성이다. 당신 삶의 방식과 영성은 아마 존경하는 다른 사람들의 선한 인간성을 알아차리고 당신 스스로 살아가는 것이다.

어떤 영성이나 종교는 구전이나 문서로 된 미덕 리스트를 가지고 있을 것이다. 예를 들면 다음과 같다.

- 근면Industriousness: 생산적이고, 열심히 노력하는 것
- 평정Serenity: 선천적으로 매우 선한 사람이라고 자신을 받아들이는 것
- 겸손Humility: 자신을 다른 사람에 비해 더 뛰어나거나 더 낮은 존재로 보지 않는 것
- 진실Truthfulness: 자신의 진면목을 알고 오직 진실로 자신을 나타내는 것
- 평온Equanimity: 지금 이 순간의 행복을 찾는 것, 자신과 다른 사람들이 지금 있는 방식에 만족하는 것, 모든 것을 반드시 승인하지는 않지만 현실을 충분히 좋은 것으로 받아들이는 것
- 관대Generosity: 돌보고 사랑하는 방식으로 우리가 가지고 있는 선함을 다른 사람들과 나누는 것

- 용기Courage: 두려움의 감정을 뛰어넘는 것, 스스로 사회적 책임감을 가지고 자기 발전과 성장을 위해 알고 있는 것을 행하는 길고도 어려운 노력에 헌신하는 것
- 절제Sobriety: 진정한 행복은 한꺼번에 오는 것이 아니라, 조금씩 오는 것임을 깨닫는 것
- 순수Innocence: 어느 누구도 상처 입히기를 원치 않고, 누구도 당신에게 상처 주지 않길 바라는 것
- 신성Holiness: 성실하게 도덕적인 삶을 영위하면서 누가 보거나 이해하거나 인정하는 것보다 신비로운 선한 존재 앞에서 공손하고 평화롭게 사는 것

신념을 가지고 시작한다면 이것은 복잡하거나 어렵거나 부담스러운 삶의 방식이 아닐 것이다. 미덕은 우리 모두에게 있는 기본적인 선함으로 확고하지만 증명할 수 없는 신념이다.

날개 유형

두 유형의 성취가가 있다.

연인(2날개를 가진 3유형)

당신은 놀라울 만한 사교 기술이 있고 인기가 자연스럽게 따라온다. 당신의 목표는 성공적인 인간관계에 집중하는 경향이 있다.

당신은 독립적인 사람이기에 관계 속에서 자신이 통제하고자 하는 성향이 있다. 또한 당신은 함께 보이고 싶은 사람들을 선택하는데 있어 매우 까다롭다.

당신의 상태가 최고조일 때, 당신은 매우 사랑스럽고, 자상하고, 도움이 되는 사람이다. 당신의 모습 때문에 사람들은 당신을 쉽게 사랑하게 되고, 당신도 똑같이 느낄 것이라고 생각한다.

당신이 그들에게 얼마나 헌신적인지, 관계에서 무엇을 원하는지에 솔직한 것이 중요하다. 그렇지 않으면 불편한 상황이 쉽게 나타날 수 있고, 당신은 진심으로 상처 주고 싶지 않은 그 사람에게 상처를 줄 수 있다.

당신은 자신을 좋게 보이기 위해 인간관계를 이용하는 경향이 있고, 그 사람들을 잡아 놓기 위해 감정을 가지고 노는 경향이 있다. 당신은 이런 행동을 하고 있다는 것을 깨닫지 못한 채 하고 있는 자신을 발견할 수 있다.

당신의 상태가 최악일 때, 당신은 몹시 질투심이 많고 소유욕이 강한 2날개를 가진 3유형이 될 수 있고, 당신이 원하지만 가질 수 없는 것을 기꺼이 파괴할 준비가 되어 있다. '흡혈귀'는 다른 사람들의 목숨을 먹고 그 과정에서 그들을 파괴한다. 당신의 기본적인 선함을 믿지 않을 때 일어날 수 있는 일은 자신이 보는 모든 것을 선하고 아름다운 것으로 포장하고 그 포장된 것이 당신에게도 '영향을 미쳐' 당신도 역시 좋고 아름답게 될 것이라는 희망을 품는 것이다. 공황 상태에 빠진 2날개를 가진 3유형은 그 관계 속에서 아무것도 남지 않을 때까지 좋은 것들을 빨아들이고, 다른 관계에서 좋은 것들을 찾기 위해 떠난다.

모든 2날개를 가진 3유형이 선함과 아름다움을 찾기 위해 해야할 일은 내면을 보는 것이다. 그 내면에 선함과 아름다움이 있다. 이들이 내면에서 그것을 발견하였을 때, 그것을 밖으로 내보내고 빛나게 하고 다른 사람들과 공유할 수 있다. 이러한 나눔을 통해 선함과 아름다움은 계속해서 흐르고 성장하게 된다.

일 중독자(4날개를 가진 3유형)

당신은 다른 날개 유형의 성취가보다 조용하고 진지하다. 당신은 그만큼 경쟁심이 강하고 야망이 있으며, 또한 주목받기 바라지만 업무 성과나 헌신, 노력을 통해 자신을 증명하고자 한다.

당신이 실수했을 때, 실망하거나 상처받을 때, 누구보다 자신에게 분노하지만 영원한 낙관주의자이기 때문에 이를 잘 받아들인다.

당신의 상태가 최고조일 때, 매우 경쟁심이 강하며 높은 성과를 내는 사람이다. 당신은 모든 것을 노력의 결과로 얻는다. 당신은 성공하기 위해 지름길을 선택하는 유혹을 받지만, 자신의 정직성이 이를 거부한다.

당신은 너무 열심히 오랜 시간 동안 일하는 경향이 있고 당신의 삶의 다른 중요한 것들, 예를 들어 당신을 사랑하는 사람들과 당신이 사랑하는 사람들과의 관계를 잊는 경향이 있다. 당신은 자신이 하는 일이 얼마나 성공적인가와 자신의 선함을 동일시해서 자신의 삶에서 행하는 모든 것을 전투적으로 행한다.

만약 성취가들을 이런 식으로 살게 내버려 둔다면 결국에는 이들 스스로 지나친 스트레스에 빠지게 되고 성공을 위해서라면 어

떤 일(그 일이 정직한 일이든 아니든, 합법적이거나 불법적이든, 도덕적
이거나 비도덕적이든)도 하게 된다. 이러한 과정 중에 이들은 미처
알지 못하는 사이에 자신이 사랑하고 중요하게 여기는 모든 사람,
모든 것을 희생시킨다.

만약 이들이 계속해서 자신을 강요한다면, 이들은 자신의 건강
을 파괴하고 '여피 우울증'(만성피로증후군)의 피해자가 될 것이고,
너무 스트레스를 받아서 아침에 침대에서 나오지조차 못하게 될
것이다.

끝맺으며

성취가는 자신이 성공을 어떻게 정의하느냐에 따라 놀랍거나 혹
은 두려운 사람이 될 수 있다.

이들이 자신의 모든 달걀을 성취라는 한 바구니에 담았다면 이
들의 행복과 자존감은 궁극적으로 그들의 손에서 벗어난 것이다.

그것이 학업이든, 스포츠이든, 사업이든, 경력 개발이든, 인간관
계든, 다른 사람들이 하는 것이든, 다른 사람들이 이들에 대해 어떻
게 반응하는지에 관한 것이든, 시장이 어떻게 굴러가는지에 대한
것이든, 대부분 성패를 좌우하는 것이 될 것이다. 꼭 가장 높은 자
리에 오르는 최고의 음악가가 될 필요는 없다. 대개 성공하는 사람
들은 가장 운이 좋은 사람들이다. 그들은 알맞은 장소, 알맞은 시간
에 좋은 기분으로 딱 맞는 사람을 만나게 되는 것이다.

당신이 성공 지향적인 사람이라면, 성공을 자신이 가치 있다고

여기는 무엇인가를 최선을 다해서 한다는 것으로 정의하는 것이 좋은 생각일 것이다. 이런 방식의 성과는 매일 더 좋아진다는 의미이고, 성공이란 절대로 포기하지 않는 것이 된다. 당신을 바라보는 사람들이 누구인가? 당신이 얼마나 선하고 가치가 있는지, 진정한 당신을 아는 사람이 누구인가? 그것은 바로 당신이다.

당신 자신을 위해 높은 목표를 갖는 것은 좋은 것이다. 매일매일 최선을 다하기 위해 노력함에 따라 목표는 좋은 동기부여가 된다. 이런 관점에서 목표를 달성하는 것은 성공이 아니다. 이런 종류의 성취는 감자 위에 있는 그레이비gravy 소스와 같은 것이다. 진정한 성공은 무엇인가 가치 있는 일을 하고, 언제나 지금 이 순간에 최선을 다해 노력하기를 선택한 것이다. 이를 행하는 것은 진실로 존경받을 만하다.

4유형 예술가

화합가
도전가　9　개혁가
　　8　　　1
열정가　7　　　　　2　조력가
　　6　　　　3
충성가　　5　　4　　성취가
사색가　　예술가

고독한 예술가 ◁　　　　▷ 성취하는 예술가

　　4유형 예술가는 자신을 평범한 존재와는 다르게 오해받고, 예민
하고, 감정적으로 결핍된 존재로 자신을 표현한다. 이 성격이 가장
두려워하는 것은 소중하게 여기는 다른 사람으로부터 거부당하는
것이다. 3유형은 자신감으로 가득 차 있는 반면에 4유형은 자신감
이 전혀 없다.

　　4유형은 1유형의 도덕적 확신이, 2유형의 선행에 대한 확신이,
5유형의 지적인 확신이 결핍되어 있으며, 그들의 감정은 바람에
흩날리는 나뭇잎처럼 변덕스럽다.

　　젊은 4유형은 자기 연민에 빠지거나 인기를 얻기 위해 경쟁함으
로써 외로움을 달랜다. 무력감에 대한 호소 또는 독립을 위한 반항
적인 시도를 통해 자신의 삶에 대한 통제력을 다루려고 한다.

이 성격은 매우 열렬한 감정적인 삶을 살고 쉽게 흥분할 수 있다. 지나치게 자극을 받았을 때는 조용히 분리되기를 바라며 물러선다. 천성적으로 관조적이며, 자신의 강점은 부정하면서 겉으로 보기에 육체적이고, 도덕적이고, 지적인 다른 사람들의 강점에 대해 실의에 빠져 곰곰이 생각하는 것에 굴복한다. 4유형은 자신의 낭만적인 꿈에 실망한 몽상가이다.

이 성격은 자신의 감정을 표현하고, 판단 없이 이해받고 받아들여지는 데 강박을 갖고 있지만 자신이 드러나 거절당하는 것에 대한 두려움이 있다. 4유형의 함정은 멜랑콜리, 즉 달콤하고도 씁쓸한 우울이다. "내가 진정한 나일 때, 나는 오해를 받는다." 이런 곤란한 상황 때문에 4유형은 자신을 드러내는 것에서 분리하여 자기 자신을 연출하고, 행동, 옷차림, 관계, 언어에서 상징적 표현을 통해 주의를 끈다. 또한 이 성격은 숨어 버릴 수 있다. 자신을 드러내려는 동기에 대한 두려움 때문에 은둔할 수 있는 것이다.

거절에 대한 두려움과 남들보다 못하다고 인식한 결과 4유형은 내면적으로 여성적인 이미지와 남성적인 이미지를 모두 경험한다. 그런 면에서 양성적이고 충동적이며, 자신의 성적 매력을 스스로 입증하는 데 있어서 경쟁심이 강하며, 이것은 수치심을 불러일으킨다. (양성적이라는 것은 자신의 성적 성향을 지칭하지 않는다는 점에 유의해야 한다. 개인의 성적 지향은 에니어그램을 통해 가늠해 볼 수 없다.)

적용

4유형은 가슴형의 세 유형에 속하고, 진정성을 통해 끊임없이 자신의 정체성을 찾는다. ("나는 이런 사람이다.") 모든 유형은 어느 정도 공허함을 경험한다. 4유형 역시 그렇다. 그러나 4유형은 그 공허함을 즐기는 성향이 있다. 9유형 화합가는 이 공허함을 분리하여 경험하고, 다른 무엇인가 또는 누군가와 합쳐지기를 바란다. 4유형 역시 공허함을 분리하여 경험하지만 소속감을 바라는 멜랑콜리에 머무른다. 원하는 것은 항상 멀리 떨어져 있고, 단지 손에 닿지 않는 곳에 있다.

4유형은 특별하고 다르게 받아들여지는 것을 통해 소속감을 발견한다. 만약 4유형이 주변 사람들에게 이러한 이해를 기대한다면 이어지는 관계는 강렬하고, 로맨틱하고, 에로틱하고, 깨지기 쉬울 것이다. 이해를 바라기 때문에 깨지기 쉬운 관계는 끝이 보이지 않는 지옥이 될 수 있다. 성공적인 사랑의 관계를 갖기 위해 4유형은 영성(5날개를 가진 예술가)이나 예술(3날개를 가진 예술가)을 통한 창조적인 자기표현으로 이러한 그리움을 승화시킬 필요가 있다. 만약 이것이 이루어질 수 있다면 건강한 인간관계가 가능해진다.

5날개를 가진 4유형은 조용한 강렬함을 가지고 있다. 3유형 성취가는 종종 자신의 재능을 스스로 의심함으로써 자기표현을 막는다. 남들과 경쟁하도록 강요한다면 아마도 쇠약한 우울증에 빠질 수 있다. 이러한 성격은 매우 직관적이며 차단을 극복하고, 이를 성공적으로 해낸 '뒤통수'에 떠오르는 것은 어떤 것이든 신뢰해야 한다. 이것을 하는 데 있어 성공적인 경험은 큰 자신감을 줄 것이다.

　3날개를 가진 4유형은 과시적인 성격이고, 보다 경쟁적이다. 그러나 이 날개 유형은 과잉 보상을 통해 종종 감추어지는 자책감에 시달린다. 스트레스를 받으면 이 성격은 인정받기 위해 미쳐 가고 연극을 하는 성향이 있다. 받아들여진 느낌은 예술가의 마음을 편안하게 해 주며 스스로 성찰할 수 있게 해 줄 것이다.

　앞의 설명에서 알 수 있듯이 4유형은 매우 다른 두 유형으로 나타난다. 차이점은 각 유형이 남들과는 다르고, 혼자라는 점에 관한 공통적인 경험에 대해 어떻게 반응하는가에 근거한다. 한 유형은 물러나는 성향이 있고, 다른 한 유형은 미치거나 연극을 하는 성향이 있다. 한 유형은 9유형처럼 보일 수 있고, 다른 한 유형은 7유형처럼 보일 수 있다.

　7유형은 지나치게 활동적이고 비교적 피상적이며 내면화하지 않는다. 4유형 역시 지나치게 활동적일 수 있지만 이 유형은 모든 것을 내면화한다.

　4유형의 성격은 우울함에 대항하거나 끊임없는 자기관찰의 학대에서 벗어나려는 시도로 단순한 자기만족을 위해 모든 종류의 중독에 매우 취약하다.

　팔머[1]는 4유형을 우울증과 양극성으로 분류하고, 리소[2]는 4유형을 회피성과 우울증으로 분류하였다. 상담 접근 방식에 있어 상담자는 9유형에 권장되는 방법이 5날개를 가진 4유형에게 적합하고,

---

1) Helen Palmer, *The Enneagram*, p. 62ff.

2) Don Riso, *Understanding the Enneagram*, p. 229ff.

7유형을 상대하는 방법은 3날개를 가진 4유형에게 적합할 것이다.

자의식이 결여된 9유형은 다른 사람의 자아와 합쳐지기를 원하며, 천성적으로 평범한 모습이다. 자의식이 결여된 4유형은 자신감을 얻기 위해 타인을 받아들이는 것으로 자신을 노출시키고, 세심하게 계획된 캐주얼하고 깔끔한 차림새를 보인다.

나는 자신을 4유형이라고 생각하는 1유형 개혁가와 상담을 한 적이 있다. 스트레스를 받으면 1유형은 압박감을 느끼게 되고 불건강한 4유형의 도덕적인 '자유'와 비도덕적인 것을 행할 수 있는 허가를 받을 수도 있다.

불건강한 1유형은 죄책감을 분리하고, 위선자가 될 것이다. 불건강한 1유형에게 죄책감을 유발하는 행동이 될 수 있는 것이 불건강한 4유형에게는 정당한 자기표현이다.

청소년들에게는 날개 유형이 아직 명확하게 정해지지 않는다. 날개 유형은 20대 중반이 되어서야 완성된다.

상담자는 자신의 관찰과 경험에 의존할 필요가 있다. 당신도 알고 있겠지만 너무 서둘러 유형을 확정하는 것은 오히려 역효과를 가져온다.

네 방향의 영향

평화의 길

나는 원칙이 있다.
[개혁가]

나는 창조적이다.　　나는 이해한다.　　나는 보여 준다.
[사색가]　　　　　　[예술가]　　　　　[성취가]

나는 돌본다.
[조력가]

'4유형 예술가'가 '1유형 개혁가'처럼 보일 때

항상 스스로를 이해하려고 애쓰는 4유형은 이런 노력을 놓아 보내고 그 선함에 대해 신념을 가지고, 건강한 1유형처럼 스스로 지켜야 할 도덕적 원칙을 만들고, 건강한 3유형처럼 자신을 드러내고, 건강한 2유형처럼 타인에게 초점을 두는 것을 개발하고, 건강한 5유형처럼 자발적인 창조성을 발견한다.

격정의 길

나는 시기한다.
[개혁가]

나는 무능하다.
[사색가]

나는 오해받는다.
[예술가]

나는 기만한다.
[성취가]

나는 궁핍하다.
[조력가]

'4유형 예술가'가 '2유형 조력가'처럼 보일 때

4유형은 외부에서 보살핌을 얻으려 징징대는 시도를 한 후 불건강한 2유형처럼 자급자족하기 위해 자기 안으로 숨어 이기심을 키우고, 불건강한 3유형처럼 거짓된 자기표현을 전개하며, 불건강한 1유형처럼 시기하게 되고, 불건강한 5유형처럼 공허함을 느낀다.

상담 접근법

• 그렇다, 일단 당신이 자기 안에 근본적인 선함을 신뢰하면 부끄러운 행동의 원인이 되는 질투와 자기 처벌 충동에서 자유로워진다. 일단 당신의 선함을 받아들이면 그것은 당신에게 큰 힘을 준다.
• 그렇다, 당신이 누구인지에 대한 타고난 아름다움은 일단 당

신이 그것이 그곳에 있다고 믿으면 저절로 표현된다.

• 그렇다, 일단 우리가 이해받고자 하는 갈망을 포기하면 우리는 다른 사람들의 감정을 매우 잘 이해하게 되고 진정으로 그들을 돌볼 수 있게 된다. 우리가 다른 사람들을 이해할 때 우리가 누구인지 이해하고, 우리가 다른 사람들을 돌볼 때 우리를 돌보게 된다.

• 그렇다, 당신은 매우 창의적인 사람이다. 일단 당신의 선함과 창조성을 신뢰하게 되면 그것은 당신이 모르는 척할 때 당신에게서 쏟아져 나온다.

• 그렇다, 당신은 항상 있는 그대로 받아들일 수 있고 사랑스러웠다. 그것을 볼 수 없는 사람들이 있다면 그것은 그 사람들의 잘못이지 당신의 잘못이 아니다. 자신이 원하는 사랑과 이해를 다른 사람에게 주라.

예술가에 대한 설명

개괄적 묘사

만약 당신이 진정으로 예술가라면 당신의 부모 중 누구와도 가깝지 않았을 것이다. 당신은 어린 시절부터 부모에게 오해를 받았다고 느꼈거나 거부당한 느낌, 버려진 느낌을 받았을 것이다. 대부분의 아이는 자신의 부모나 보호자들을 따라야 할 역할 모델로 본다. 그러나 당신은 그렇지 않았다. 당신은 내면으로 돌아와 상상과 느낌으로 대신했다. 당신은 상실감, 무엇인가 결핍된 느낌을 갖게 되며, 자신 안에 익숙해진 슬픔을 갖고 있다. 그것은 사라지지 않는 슬픔이다. 당신은 이런 식으로 소외된 사람이 되어 세상에서 표류하고 있다고 느낀다. 가끔은 이런 느낌을 좋아하기도 하고, 가끔은 그렇지 않을 때도 있다.

자기 인식은 당신의 주요 초점이다. 모든 성격 유형 중에서 당신은 내면에서 어떤 일이 일어나고 있는지 가장 잘 인식한다. 어쩌면 당신은 상황이 어떻게 돌아가고 있는지, 즉 무슨 일이 일어나고 있는지를 이해하지 못할 수도 있지만 그것이 당신에게는 진정 현실이다. 대부분의 청소년은 가끔씩 자기를 인식하지만 당신은 다르다. 당신은 거의 언제나 자신을 관찰한다.

당신은 자신의 감정을 느끼거나 무엇인가를 알아내려고 노력하면서 자신의 머릿속에서 '길을 잃을' 수 있다. 만약 그렇게 된다면 당신은 자신감을 잃고, 당황하고, 우울해하고, 어쩌면 과대망상에 걸릴 수도 있다. 당신은 끊임없이 자신에 대해 다시 생각하는 경향이 있다. 이는 많은 불필요한 걱정, 불면증 그리고 자기 연민에 빠진 우울증을 초래할 수 있다.

당신이 지나치게 자기를 인식하는 데 몰두하고 대부분의 사람이 알지 못하는 것들을 의식하고 있는 것 같기 때문에 당신은 다른 사람들과는 매우 다르게 느낀다. 당신은 무심결에 자발적으로 열심히 일하며, 당신이 자연스럽게 이렇게 될 수 있기를 바란다. 당신은 하루 종일 자신이 쓰고 있는 다른 가면들이나 역할들에 대해 매우 잘 알고 있다.

당신은 너무 많은 일에 예민하기 때문에 가끔 자신이 약간 미친

것이 아닌지 궁금할 수도 있다. 그러나 긴장을 풀라. 당신은 미치지 않았다: 당신은 다른 사람들이 당신을 받아들이기를 원하고 다른 사람들을 (당신이 마침내 그들을 신뢰하게 될 때) 깊이 사랑한다. 그러나 당신은 어떤 그룹의 멤버가 되는 것은 거부한다.

당신이 자신의 감정을 너무나 잘 알고 있기 때문에 매우 잘 듣는 사람이 된다. 그리고 당신은 자신이 아는 것보다 더 좋은 조언자이다. 당신이 누군가에게 그들이 어떻게 느끼고 있는지 자신이 이해하는 것을 말한다면, 당신은 아마도 진실을 말하고 있을 것이다. 같은 말을 할 수 있는 다른 성격 유형보다 훨씬 더 그렇다.

당신은 긴장을 풀고 싶고 기분이 좋아지기를 무척이나 원한다. 이것은 당신을 모든 종류의 중독에 매우 취약하게 만든다. 만약 당신이 자연스럽게 자신의 마음을 편안하게 할 수 있다면 자신이 찾는 해답은 어둠 속에서 당신에게 찾아올 것이다. 그리고 당신은 정말로 자발적인 사람이 될 수 있을 것이다. 이렇게 하는 동안 당신은 자신의 선함과 많은 재능을 발견할 것이다.

당신은 자신을 다른 사람들과 다른 존재로 본다. 당신은 아마도 자신이 다른 사람들만큼 선하지 않다고 생각할 수도 있다. 당신은 또한 자신의 감정을 정리하는 데 매우 어려움을 겪는다. 왜냐하면 당신이 상상하는 것이 당신에게는 너무 진짜 같기 때문이다. 또한 당신은 외부와 내부 현실의 차이를 가려내는 데 어려움을 겪을 수 있다. 당신은 자신을 선하고, 가치 있고, 중요하고, 특별하다고 증명해 줄 수 있는 특별한 삶의 목적과 재능을 찾는다. 우울증, 가장 평범한 일조차 할 수 없는 무력감, 그리고 불면증은 당신에게 심각한 문제가 될 수 있다. 당신은 매우 강렬하면서도 온화한 감정들을 가지고 있지만, 당신이 몹시 원함에도 불구하고 이 감정들을 보여주는 것을 매우 힘들어한다. 당신은 이해받지 못한 것과 이 세상의 무감각에 슬퍼하고 자신의 기분을 더 낮게 해 줄 환상의 세계로 쉽게 빠져들거나 무엇인가에 쉽게 중독된다.

자살 시도는 이런 기분에서 벗어나기 위한 방법 혹은 언제나 자기를 바라보는 것에서 벗어나는 방법이 될 수도 있다. 또한 자살을 시도하는 것은 당신을 이해하지 못하는 사람들을 처벌하는 방법이 될 수 있다.

당신은 변덕스럽고, 지나치게 예민하고, 쉽게 상처받고, 두려워할 수 있다. 기본적으로 당신은 자신이 진짜 누구인지 자기 자신을 찾고 있지만, 자신이 찾을 수 있는 것을 좋아할 것이라고 확신하지 못한다.

당신은 공상을 많이 한다. 자신을 다른 종류의 사람으로 상상하고 멋진 일을 하는 자신을 상상한다. 때때로 당신은 '멍하게 있다'. 당신은 매우 비현실적이고 비생산적일 수 있다. 당신이 우울할 때, 자신을 보지 못하게 되면 당신은 깊은 자기혐오에 빠질 수 있다. 이를 피하기 위해 자신을 자랑스럽게 만드는 일을 해야 한다.

당신의 상태가 최고조일 때, 당신은 자신감 있고, 다정하고, 협조적이며, 말하기·글쓰기·그림·음악 그리고 다른 창조적인 노력을 통해 자신을 매우 잘 표현한다. 당신은 일종의 예술가이다. 대단한 예술가이다.

당신의 상태가 최악일 때, 당신은 무책임하게 될 수 있다. 당신은 자신이나 다른 사람들을 비난할 수 있고, 알코올, 약물, 섹스를 남용하는 것으로 당신의 우울에서 벗어나려 할 수 있다.

당신은 학교, 직장, 또는 삶의 기본적인 규칙에 신경 쓰지 않는 다. 다른 사람들은 당신을 반항적이라 생각할 수 있다. 그러나 사 실은 그렇지 않다. 당신이 자신을 아웃사이더로 보기 때문에 그 규 칙들이 당신에게 적용되지 않는다고 생각하는 경향이 있다.

또 다른 방법은 당신이 혼란스러움, 가치 없음, 외로움의 감정에 서 벗어나려고 노력하는 것이다. 당신의 옷 입는 방식이나 행동을 통해 친구를 찾고 관심을 끄는 것이다. 그렇게 함으로써 당신은 자 신의 선함을 창조하려고 노력한다. 또한 자신의 가치 없음을 증명 하려고 사람들이 당신을 거부하도록 부추길지도 모른다.

행동으로 옮기는 다른 성격 유형들과 당신의 차이는 당신에게는 이것을 할 수 있는 에너지가 없다는 것이다. 단지 당신을 지치게 할 뿐이다. 당신에게 활력을 주는 것은 어떻게 해서든 자신이 진정으 로 생각하고 느끼는 대로 표현할 수 있는 것이다. 이것은 솔직하고 깊은 자기표현이다.

당신이 자발적으로 자기표현이 일어나도록 내버려 둘 때, 자신을 바라보는 것을 그만둘 때, 자책하는 것을 그칠 때, 당신은 스스로에 게 놀라게 된다. 당신은 자신이 진정으로 생각하고 느끼는 것을 발 견한다. 당신은 자신이 진정 누구인지 보게 된다. 당신은 진정한 재 능을 발견하게 된다. 당신이 타고난 선함에 의지하고 그것이 스스 로 나오도록 하는 법을 배울 때 당신은 자신을 '찾게' 될 것이다.

당신은 감정적인 강렬함을 사랑한다. 자신의 감정이 행복하든 슬프든, 당신은 그 감정들을 느끼는 것을 사랑한다. 당신의 상태가 최고조일 때, 당신에게 자신의 감정들은 매우 중요하기에 다른 사 람들의 감정도 느낄 수 있다. 또한 자신도 모르게 다른 사람들의 감정을 받아들이고 그 감정이 진짜가 아님에도 불구하고 그것을 자신의 감정이라고 생각한다. 불안감은 당신의 감정이거나 또는 당신과 가까운 사람 혹은 그것에 대해 생각하고 있는 사람이 그것을 받아들이고 있는 것일 수도 있다. 자신의 감정과 다른 사람의 감정이 다름을 배우는 것이 당신에게 중요한 일이다.

사랑하는 관계에서 당신이 사랑에 빠졌는지 아니면 사랑의 감정에 빠졌는지 아는 것은 어렵다. 만약 당신이 자신을 관찰하는 것을 멈출 수 없다면, 당신은 아마도 자신의 감정이 일어나기를 가장 원하는 바로 그 순간 감정적으로 폐쇄될 수 있다.

때때로 가까운 친구와 함께 있거나 사랑에 빠지는 것을 상상하는 것은 당신에게 현실보다 더 만족감을 준다. 당신이 실제로 친구나 애인과 함께할 때, 당신은 지루함을 느끼거나 감정적으로 무덤덤해질 수도 있다. 당신은 좋은 친구와 애인이 될 수 있지만 그들에게 반드시 충실한 사람은 아니다. 당신은 계속해서 자신의 상상과 맞는 경험을 찾으려는 경향이 있다.

자신의 선함을 그저 믿을 수 있다면 당신은 매우 좋은 친구가 될 수 있다. 또한 우울함과 자신을 탓하는 습관, 지나친 예민함, 부족한 자신감 그리고 사람들이 당신을 완전하게 이해해야 한다는 자신의 요구 때문에 당신은 함께 지내기가 매우 어려울 수 있다.

날개 유형

세상에는 매우 다른 두 유형의 예술가가 있고, 한 유형을 위한 조언이 다른 한 유형에게 꼭 필요한 것은 아니다.

고독한 예술가(5날개를 가진 4유형)

만약 당신이 다른 사람들과 함께할 것인지 아니면 홀로 있을 것인지 결정해야 한다면 당신은 주로 홀로 있는 것을 선택할 것이다. 당신은 조용하고 부드러운 사람이며 그다지 경쟁적이거나 적극적이지 않다. 당신은 사람들에게 주목받고 싶지 않고 그저 일들이 일어나게 되는 것보다 그냥 내버려 두는 것을 더 좋아한다.

당신은 영성에 강하게 끌린다. 당신은 미지의 것, 신비스러운 것을 생각하는 것으로 자신이 느끼는 공허감을 채우려고 한다.

당신이 자신의 두개골을 동굴로 상상하고 눈을 동굴로 들어가는 입구로 상상한다면 입구를 내다볼 때 바깥보다 안쪽이 더 많이 보이도록 동굴 안에 잘 앉아 있을 것이다. 바깥세상은 꽤 멀리 있다.

당신은 외로운 사람이지만 자신을 그렇게 보지 않는다. 당신은 이 외로움을 일반적인 슬픔의 느낌으로 경험한다. 그러나 이는 다른 사람이 되고 싶은 욕망도 없는 당신의 존재 자체인 슬픔이다.

당신은 아름다운 사람이나 사물에 매우 끌린다. 그러나 당신이 그 아름다운 것에 닿게 될 때, 그것은 신의 손에서 미끄러져 나간다. 당신의 손에 닿는 것은 자신이 상상했던 것보다 덜 아름다운 것 같아 보인다.

당신은 부끄러움을 많이 타고 다른 사람들과 관계하는 것이 어려운 사람이다. 당신은 누구와 어울리는 일을 만들지 않고 그저 사람들과 함께 있는 것에 만족한다. 누구도 당신을 진정으로 이해할 수 있다고 믿지 않기 때문에 조언이나 도움을 구하는 부류의 사람이 아니다. 그러나 이것은 진실이 아니다. 다른 예술가는 당신과 당신의 상황을 이해하고 인정해 줄 수 있다.

당신의 동굴 입구 가까이 다가가 보라. 이런 부류의 사람을 찾으라. 어서 손을 뻗으라. 당신이 그렇게 할 때, 당신이 찾던 이해를 받을 수 있을 때, 당신은 자신이 혼자가 아니라는 것을 알면서 훨씬 더 기분이 좋아질 것이다. 이 사람에게 자기 자신을 표현하도록 노력하라. 거절에 대한 두려움이 당신을 멈추지 않게 하라. 당신이 자신을 표현할 때, 깊이와 풍요로움에 경이로울 정도로 놀랄 것이고 그것은 당신이 가지고 있는 특별한 종류의 선함이다.

당신의 영성

당신을 위한 영성의 유형은 하느님을 위대한 신비로 보고 겸허하게 이 신비와 친밀한 관계를 추구하는 전통적인 영성과 종교이다. 아무리 영성이나 종교가 하느님에 대해 안다고 주장해도 우리는 결코 지성을 통해 하느님을 알게 되지는 않는다.

우리는 미지의 구름 속에 살고 있지만, 우리는 그 구름 안에서 하느님의 얼굴을 경험하고 '보고' 살 수 있다. 당신은 신비주의자이다. 당신은 드물고, 많은 오해를 받으며, 절실하게 필요한 사람이다. 괜찮다.

성취하는 예술가(3날개를 가진 4유형)

당신은 자신의 조용한 파트너 예술가보다 외향적이고, 매력적이고, 경쟁심이 강하다. 당신의 두개골을 동굴로 상상하고 눈을 그 입구로 상상하였을 때, 당신은 그 동굴 밖에서 살아간다. 당신은 동굴의 실상을 매우 잘 알고 있지만, 그 안에 무엇이 있는지 두려워하는 경향이 있다. 이 동굴 밖에서 살아가는 것은 당신에게 꽤 큰 부담이 된다.

당신은 과민한 사람이고, 자신의 근심을 드러낸다. 당신은 영성에 관심을 가지고 있지만, 그와 동시에 영성을 두려워한다. 당신은 다른 사람들이 받아들였으면 하는 욕망을 행동으로 옮기지만 종종 너무 열심히 노력하는 자신을 발견한다. 당신은 스스로를 무대 위의 배우로 본다. 당신은 그 느낌을 좋아하지 않고 그냥 자신이 되는 것을 더 좋아한다. 하지만 당신은 진짜 자신, 즉 어떻게 하든 느낄 수 있는 자신을 받아들일만큼 훌륭하지 않을까 봐 두려워서 자신이 그런 척을 하고 있다는 것을 알면서 계속 그런 척을 한다.

당신 스스로가 그런 척을 하고 이런 방식을 싫어하기 때문에 당신은 모든 종류의 중독에 매우 취약하다. 중독되는 것은 당신이 느끼는 긴장감으로부터 스스로를 해방시키는 방법이 될 수 있다. 당신이 중독되어 있을 때 보다 편안함을 느끼고, 자신이 되고자 하는 외향적인 사람이 되기가 더 쉬워 보인다.

외부 세계에 자신을 드러내는 방식을 바꿀 필요는 없다. 당신의 모습에는 아무런 문제가 없다. 이것이 당신이 정말로 믿어야 하는 것이다. 당신의 진짜 모습에는 아무런 문제가 없다.

당신은 자신의 '동굴'에서 너무 멀리 떨어져 있다. 그 동굴에서 멀리 떨어져 있을수록 당신은 더욱 긴장하게 될 것이다. 그러므로 천천히 뒤로 물러서라. 동굴의 입구에 앉아서 바라보라. 알코올, 약물, 환상으로 가득한 성행위를 피하라. 이 모든 것은 착각을 만든다. 당신이 원하고, 당신에게 필요한 것은 진짜이다. 좀 더 긴장을 풀고 자신의 선함을 믿을수록 당신의 진짜 자신은 동굴 속 깊은 곳에서 당신에게 다가올 것이다. 당신은 그 결과에 매우 만족할 것이다. 그것들을 신뢰하라.

당신의 영성

당신은 자신의 삶에 의미와 목적을 부여하는 영성에 대한 깊은 욕망을 가지고 있다. 그러나 당신은 그 욕구를 만족시킬 만한 영성이나 종교를 찾는 데 어려움이 있을 것이다.

당신에게 가장 좋은 것은 앉아서 하는 명상 훈련을 계속하는 것이다. 이 훈련에서 당신은 조용히 앉아 허리를 세우고 눈을 감고(혹은 실눈을 뜨고), 당신이 할 수 있는 한 최선을 다하여 자신의 머리에 떠오르는 생각들을 놓아 보내도록 하라. 이것은 마치 빠르게 흐르는 개울가에 앉아 나뭇잎과 잔가지들이 오는 것을 보고, 그것을 알아차린 다음, 그것들이 우리의 시야를 지나 흘러가는 것을 보는 것과 같다. 이런 방법은 생각, 기억 그리고 감정을 오게 한 다음, 그것들을 놓아 주는 기술이다.

처음에는 이 훈련이 당신에게 지루할 수도 있고, 아주 짧은 시간 동안에만 가능할 것이다. 괜찮다. 당신이 시간을 점차적으로 멈추게 하고 생각과 감정이 와서 자신의 머리와 가슴속에서 무슨 일이 일어나는지 알아차리고, 모든 것을 놓기 시작하는 것을 보는 것에 대한 자신감을 얻게 될 때 이 훈련은 더 이상 지루하지 않게 될 것이다.

당신은 점차적으로 이 노력이 매우 가치가 있는 것임을 깨닫게 될 것이다. 당신은 좀 더 차분해지고, 보다 평화로워지며, 더 이상 우울해하지 않을 것이다. 이 훈련을 통해 당신이 매우 창조적이고 생산적인 '예술가'가 될 것을 깨닫게 될 것이다. 그 깨달음은 놀라운 예술적인 방법으로 당신에게 다가올 것이다.

이 과정을 통해서 당신은 내면에 있는 선함이 눈앞에 나타나는 것을 보게 될 것이다. 당신이 이 선함을 인정할 때 자신이 만들어내는 것이 실제로 자신이 만든 것이 아니라는 것을 알게 될 것이다.

당신이 만든 선함과 아름다움은 자신이 찾는 존재의 이미지들이다. 당신이 찾는 존재가 당신과 함께 있고, 당신에게 닿아 있는 결과로 당신에게 오는 이미지들이다. 당신은 자신이 하는 좋은 일을 통해 자신의 영성을 발견하게 될 것이다.

두 가지의 길

건강과 성장의 길

자신감을 가지도록, 감정적으로 강해지도록, 영적이 되도록, 남의 눈을 신경 쓰지 않도록, 자기를 드러내도록, 사려 깊도록, 이해하도록, 인내하도록, 민감해지도록, 진지해지도록, 그리고 재미있어지도록 노력하라. 건강한 4유형은 지혜, 창조성 그리고 무의식적인 마음의 힘을 크게 신뢰할 것이다. 그리고 세상의 숨겨진 아름다움과 선함을 드러내고, 방어하고, 옹호하는 사람이 되는 길을 발견하게 될 것이다.

경고(문제 발생의 징조)

자기 자신에 몰두하는 것(내사), 변덕스러움, 우울함, 기분이 좋지 않음, 다른 사람들과 다르다는 느낌, 편집증, 지나친 예민함, 자기 연민, 알코올, 약물, 성행위의 남용, 비생산적인 몽상가가 되는 것, 불면증, 필요한 일을 하는 것을 피하는 것, 꿈에 대한 두려움, 자신의 무의식에 대한 두려움

불건강과 붕괴의 길

인생에서 해야 할 일을 하지 못하게 하는 깊은 우울증, 폭발적인 분노, 무력감과 절망감, 자기혐오, 자책, 중독, 자살 생각

성장의 단계

① 완벽하게 할 필요 없이 해야 할 일을 하라. 선하고 가치 있는 일을 하라. 왜냐하면 당신이 완벽을 추구하기 때문이 아니라 그 일이 선하고 가치 있기 때문이다.

② 최선을 다하고 당신의 최선에 만족하라. '진지한 일'에 참여하라. 진지한 일을 하는 것은 좋은 것이다. 단순히 좋은 일이

라는 이유만으로 더 잘하기 위해 계속 노력하라. 계속해서 더 잘하도록 노력하라. 더 잘하는 것이 당신의 목표이지 완벽한 것이 당신의 목표는 아니다.

③ 당신이 보고, 듣고, 냄새 맡고, 느끼고, 맛보고, 만질 수 있는 세상에 대한 좋은 관찰자가 되고, 당신이 할 수 있는 모든 것을 배우라. 당신의 경험에서 배우라. 실수는 없고 오직 배움의 기회만 있다.

④ 관찰자나 추종자가 아니라 솔선해서 하는 사람이 되라. 일을 완벽하게 할 필요가 없기 때문에 무엇인가를 시작하면서 배우는 것도 괜찮다.

⑤ 다른 사람들의 행복을 진정으로 생각하는 충실한 사람이 되라. 다른 사람들이 독립적이고 강하게 되도록 도우라. 우리 모두는 우리 자신과 우리가 하는 일에 대해 긍정적으로 느낄 필요가 있다. 다른 사람들도 그렇게 되도록 도우라. 옹호가 필요한 사람들을 감싸 주라.

이제 당신은 자기 내면의 모습에 집중할 수 있다. 당신 안에 있는 선함을 알도록 하라. 당신의 가장 친한 친구가 되라. 그리고 당신은 자신 안에 있는 것을 아름답게 표현할 수 있을 것이다.

끝맺으며

당신은 자신이 이해받지 못하는 것에 마음 쓰지 말라. 오직 극소수의 사람만이 진정으로 당신을 이해할 것이다. 당신이 자신의 영적인 삶을 살아갈 때, 자신의 진짜 모습을 허락할 때, 그것을 표현할 방법을 찾을 때, 당신이 표현하는 것은 다른 사람들에게 매우 감사를 받을 것이고, 그들과 당신에게 도움이 될 것이다. 다른 사람들은 당신이 그들 내면의 것들과 연결되어 있다는 것을 느끼게 될 것이다. 그들이 당신에게 베풀기를 원하는 대로 다른 사람에게 베풀라. 당신의 영성이 계속 이를 행할 수 있게 할 것이다.

머리형의 세 유형

두려움은 5유형 사색가, 6유형 충성가, 7유형 열정가를 함께 묶어 준다.

5유형 사색가: 내면화　　　　두려운 감정 속에 생활

　　　　　　　강박　⇨　지적 호기심

　　　　　　　함정　　　인색함

6유형 충성가: 투사　　　　　외부 세계에 투영된 내면의 두려움

　　　　　　　강박　⇨　경계심

　　　　　　　함정　　　소심함

7유형 열정가: 외재화　　　　활동으로 분산됨

　　　　　　　강박　⇨　쾌락 추구

　　　　　　　함정　　　계획

성장/발달

- '5유형 사색가'가 '8유형 도전가'처럼 보일 때 감정을 활성화하고 생산적이 된다.
- '6유형 충성가'가 '9유형 화합가'처럼 보일 때 내면의 두려움을 평온하게 한다.
- '7유형 열정가'가 '5유형 사색가'처럼 보일 때 활동의 속도를 늦춘다.

성격의 비통합

- 만약 '5유형 사색가'가 '7유형 열정가'처럼 보일 때 그 사람은 조현병schizophrenia을 일으킬 수 있다.
- 만약 '6유형 충성가'가 '3유형 성취가'처럼 보일 때 그 사람은 사이코패스psychopathic가 될 수 있다.
- 만약 '7유형 열정가'가 '1유형 개혁가'처럼 보일 때 그 사람은 조증장애manic disorders를 키울 수 있다.

날개

- 위축되는 성격을 가진 '5유형 사색가'가 '4유형 예술가' 쪽을 향해 기울어질 때 더 위축되고, '6유형 충성가' 쪽을 향해 기울어질 때 덜 위축된다.
- 순응하는 성격을 가진 '6유형 충성가'가 '7유형 열정가' 쪽을 향해 기울어질 때 더 순응하고, '5유형 사색가' 쪽을 향해 기울어질 때 덜 순응하게 된다.
- 자기주장이 강한 성격을 가진 '7유형 열정가'가 '8유형 도전가' 쪽을 향해 기울어질 때 자기주장을 더 하고, '6유형 충성가' 쪽을 향해 기울어질 때 자기주장을 덜 한다.

5유형 사색가

사교적인 사색가 ◁   ▷ 내성적인 사색가

5유형 사색가는 자기 확신이 있고 자신의 아이디어에 대한 완전한 자신감에서 비롯된 전지적인 존재이다. 또래들과 어울리기를 원하는 젊은 5유형은 걷잡을 수 없는 감정에 굴복하는 매우 무모한 사람이 될 수 있다. 이런 성격은 다른 사람에게 영향을 받아 제멋대로 휘둘리고 그 감정에 이끌려 무모하게 버려지는 두려움에 떨게 된다.

젊은 5유형은 겁에 질린 부정denial으로 외로움의 고통을 다루며, 능숙한 생활 기능을 위한 끈기 있는 분투를 통해 외로운 삶을 궁극적으로 통제하고자 한다.

5유형의 현실은 행동하기 전에 취해야 할 올바른 행동인지를 확신하기 위해 외부 현실을 상세하게 분석하는 능력에 의존하게 된다. 이 능력은 명백하게 관련이 없는 자료들을 일관성 있게 배합하

여 처리하는 5유형의 재능 그 자체를 보여 주는 것이다. 복잡한 기계를 완전히 이해할 때까지 인내심을 가지고 배워 가며 일을 할 수 있는 장인이다. 컴퓨터는 5유형의 즐거움이다.

이러한 성격은 조직도, 패러다임 그리고 예측된 활동의 리허설을 통해 외부 세계에 적응한다. 5유형의 머릿속에서 패러다임이 분명해질 때까지 사색가는 활동하지 않고 마비된다.

이 성격의 의식은 감정의 직접적인 경험을 걸러낸다. 그들의 사고에서 감정을 신뢰한다는 것은 사람을 비이성적인 행동과 당혹스럽고 자기도취의 혼란스러운 세계로 이끄는 것이다. 그들 자신과 다른 사람들의 감정으로부터 스스로를 보호하기 위해 5유형은 그들 주위에 높은 사생활의 벽을 세운다. 5유형에게 감정을 표현한다는 것은 공상이나 꿈을 통해서 이루어지고, 스트레스를 받으면 이런 행동을 하고 있다는 것도 모른 채 상상 속에서 살게 될 것이다.

인색함은 5유형의 함정이고, 삶의 모든 면에 영향을 미친다. 내적 자아를 드러내고, 어떤 것을 놓아 주는 것은 영원히 잃어버리는 것이다. 5유형의 강박은 행동하기 전에 끊임없이 더 많은 정보, 더 많은 명료함을 추구하는 것이다. 이 강박은 "난 아직 모든 사실을 알지 못해."라는 이유로 5유형으로 하여금 자신감 있는 행동을 하지 못하게 할 수 있다.

5유형은 적절한 행동을 알아내기 위해 상상력에 무척 많이 의지한다. 우리 모두가 실수로부터 배우고, 우리가 되고 싶은 대로 우리 자신을 이미지화하고, 현재 행동의 미래 결과를 예측할 수 있게 하는 것은 상상력이다. 5유형도 이 일을 계획적으로 할 필요가 있고, 4유형과 9유형도 마찬가지이다.

적용

5유형은 머리형의 세 유형에 속하고 모든 활동을 멈출 수 있는 감정에 대한 두려움이 특징이다. 5유형은 행동하기 전에 지적으로 명료하고 질서 정연한 방법으로 사물을 경험해야 한다. 감정이 명확하고 정돈된 경우는 드물다. 5유형은 혼란스러울 때 두려워한다. 5유형은 안전한 방법으로 감정을 경험하기를 원한다. 이 경험은 상상력이 풍부하고 사후 기억을 통해 이루어질 수 있다. 이 방식이 5유형에게는 괜찮다. 이것이 5유형이 감정을 배우는 방식이다. "기분이 어떠셨어요?"는 대답할 수 있는 질문이다. 그러나 "지금 심정이 어떠니?"라고 묻는 것에는 대답할 수 없다. 건강한 5유형의 경우 느낌과 인식 사이의 시차가 미미하지만 항상 존재한다.

나는 6날개를 가진 5유형을 외향적이라 설명했지만 이것은 상대적으로 말하는 것이다. 이 날개 유형의 외향적인 행동은 예행 연습이 매우 잘되어 있고, 자의식도 있다. 스트레스를 받으면 이 성격은 마치 어떤 지적 또는 감정적 혼란이 야기하는 내부의 압력을 완화하려는 듯 매우 수다스러워질 수 있다.

4날개를 가진 5유형은 5날개를 가진 4유형의 직관적인 세상을 공유한다. 스트레스를 받을 때 참된 직관이 차단된다. 5유형은 외부 세계의 이미지를 정리하여 투영하고 있으며, 이 이미지는 객관적 현실과 완전하게 일치하지 않는 경우가 많다. 스트레스 상황에서 4유형은 공상에 잠기고, 꿈꾸는 이미지와 객관적 현실의 차이를 구분하는 데 어려움을 겪는다.

이런 유형의 사람은 자기 노출에 인색하기 때문에 알기 매우 어
렵다. 라포를 형성하기 위해서는 강렬한 전이가 필요하다. 이 유형
의 성격에게 자기 노출은 거의 베갯머리송사와 같다. 상담을 성사
시키기 위해서는 당신의 감정을 가라앉히고, 온화하고, 인내하는
것이 필요하다. 너무 많은 감정은 이 사람을 놀라게 할 것이고, 아
주 적은 감정은 종종 지나치게 될 것이다.

이런 사람은 자기 자신의 페이스대로 자기 소개를 하면서 상담
할 필요가 있다. 상담 관계의 초기에는 이 내담자가 폭로하는 것에
이의를 제기하지 않는 것이 최선이다. 이러한 도전을 보통은 비판
으로 받아들일 것이고 내담자는 아마도 마음을 닫을 것이다.

내담자가 심각하게 위축되어 있고, 자기 노출에 망상적인 내용
이 상당히 있는 경우 거기에는 어쩌면 아동학대, 방치, 성추행과 같
은 숨겨진 트라우마적 경험이 배경에 깔려 있을 수 있다. 내담자에
게서 나오는 '단서' 없이는 이를 추궁하지 않는 것이 최선이다. 편
안하고 지지적인 관계를 유지하는 것이 필수적이다.

5유형은 멍한 태도 때문에 9유형처럼 무심한 관찰자로 보일 수
있다. 9유형은 현재의 감각에 빠지거나 회상에 몰두한다. 5유형은
생각에 잠길 수 있다.

팔머[1]는 이런 유형의 성격을 정신분열적이고 회피적인 성격으로
설명한다. 리소[2]는 이 성격을 정신분열증, 망상적 편집증이라고 묘
사한다. 두 시각의 차이는 아마도 팔머는 4날개를 가진 5유형에 초

---

1) Helen Palmer, *The Enneagram*, p. 62ff.

2) Don Riso, *Understanding the Enneagram*, p. 229ff.

점을 맞추고 리소는 6날개를 가진 5유형에 초점을 맞췄기 때문일 것이다.

　청소년들에게는 날개 유형이 아직 명확하게 정해지지 않는다. 날개 유형은 20대 중반이 되어서야 완성된다.

　상담자는 자신의 관찰과 경험에 의존할 필요가 있다. 당신도 알고 있겠지만 너무 서둘러 유형을 확정하는 것은 오히려 역효과를 가져온다.

네 방향의 영향

　　　　　　　　　평화의 길

　　　　　　　　　나는 참여한다.
　　　　　　　　　[도전가]

나는 다정하다.　　　　나는 관찰한다.　　　　나는 창의적이다.
[충성가]　　　　　　　[사색가]　　　　　　　[예술가]

　　　　　　　　　나는 열정적이다.
　　　　　　　　　[열정가]

'5유형 사색가'가 '8유형 도전가'처럼 보일 때

　5유형이 8유형처럼 보일 때 5유형은 세상이 돌아가는 것에 대한 직관에 자신감을 발견하여 그것과 연결되고, 건강한 4유형처럼 창조적이 되고, 건강한 7유형처럼 너그럽고 에너지가 넘치며, 건강한 6유형처럼 다른 사람들과 따뜻하게 관계를 맺는다.

나는 깨우친 사람이다.
[도전가]

나는 짜증이 난다.   나는 인색하다.   나는 무능하다.
[충성가]   [사색가]   [예술가]

나는 바쁘다.
[열정가]

'5유형 사색가'가 '7유형 열정가'처럼 보일 때

5유형이 7유형처럼 혼돈스러운 것으로 세상을 인식할 때 불건강한 7유형처럼 과민해지고, 불건강한 4유형처럼 우울해지고 공허한 세상으로 들어가고, 불건강한 8유형처럼 자신의 감정과 사회로부터 스스로를 고립시키고, 불건강한 6유형이나 8유형처럼 거만해진다.

상담 접근법

• 그렇다, 감정의 세계는 존재하기에 좋은 장소이다. 감정의 세계는 그것들을 충분히 생각하고 나서 다른 사람들과 자신 있게 관계를 맺을 수 있다.
• 그렇다, 당신이 세상에 적극적으로 참여할 때 당신은 뛰어난 지적, 감정적 자원을 가지고 있다는 것을 발견하게 된다.

- 그렇다, 내부의 '공허함'이 실제로 선함으로 가득 차 있다는 것을 발견했으므로 당신은 자신을 자유롭게 표현하고 자신이 가진 것을 공유할 수 있다. 왜냐하면 당신은 이 선함에서 떨어지지 않을 것이기 때문이다.
- 그렇다, 자기 안에 필요한 모든 것을 가지고 있기 때문에 사랑에 빠진 다른 사람들에게 자신을 열어 줄 수 있다.
- 그렇다, 모든 해답을 가질 필요는 없다. 사물을 있는 그대로 볼 수 있다는 것만이 진정한 지혜이다.

사색가에 대한 설명

개괄적 묘사

만약 당신이 진정으로 사색가라면 당신의 사생활은 매우 중요하다. 어떤 성격 유형보다 당신은 가장 혼자 있고 싶어하는 사람이다. 당신은 혼자 있는 것을 좋아한다. 왜냐하면 당신이 다른 사람들과 관계를 맺어야 했을 때, 예를 들어 입학했을 때처럼 당신은 적응하기가 매우 힘들다는 것을 알았다. 당신은 이 때문에 어쩌면 놀림이나 괴롭힘을 당했을 수도 있다. 당신은 혼자 있고 뒤로 물러서서 먼 곳에서 다른 사람들을 지켜보는 것으로 평화와 안전을 찾았다.

당신은 자신을 위한 시간을 갖기 좋아하고, 자신의 생각과 함께 있기를 좋아해서 자신을 가다듬고 주변의 모든 일을 어떻게 처리할 수 있는지 알아낼 수 있다. 당신은 가끔 자신이 관찰을 당한다고 느끼는데, 이는 당신을 불편하게 만든다.

당신은 책 속에 파묻히고 텔레비전, 자동차 일, 라디오 수리, '바쁜 일'을 하거나 자신이 홀로 있을 수 있는 아무도 모르는 장소를 찾아 모든 사람으로부터 숨는 것으로 평화와 안전을 찾는다. 학교에 입학했을 때, 당신은 같은 반 친구들과 '거리'를 두는 것을 선호한다. 당신은 그것이 더 편했을 뿐이다. 당신은 당신을 혼자 두지 않으려는 사람들과는 싸웠을지도 모른다.

당신은 가족에게 충실하지만 매우 개인적인 사람이고, 심지어 가족 간의 갈등이 자신을 괴롭힌다고 하여도 관여하지 않는다.

생각thinking은 당신의 주요 초점이다. 당신은 매우 개인적이고, 조용한 사람이며, 스스로 알아내는 것을 좋아한다. 당신은 자신의 감정에 별로 신경 쓰지 않는 경향이 있다. 당신의 감정은 자신을 두렵게 한다. 감정들은 지나치게 '시끄럽고' 강력하다. 심지어 당신은 자신의 몸에 대해서도 별 관심이 없다. 만약 당신이 알아차리더라도 당신의 몸은 당신 밖에 있는 것이고, 무엇인가 당신에게 붙어 있는 것이다. 당신은 좋은 상상력을 가졌다. 당신은 그 안에서 살아간다. 당신은 다른 사람을 매우 많이 관찰하고, 자신이 보는 모든 것에 대해 호기심을 갖는다.

당신은 행동하기 전에 머릿속으로 상황 파악을 하고자 한다. 당신은 상상력을 이용하여 다른 사람들과의 관계를 연습하고 자신이 연습한 대로 한다. 당신은 항상 자신이 제대로 연습하였는지 확신할 수 없다. 당신은 진정으로 외부 세상을 충분히 정확하게 파악하였는지에 대해서도 언제나 확신할 수 없다. 상황 파악을 제대로 하는 것은 당신에게 매우 중요하다. 왜냐하면 당신이 제대로 행동하지 못한다면, 당신은 사람들의 이목을 끌 것이고 사람들은 그런 당신을 보고 비웃고 당신은 잘못된 방법으로 일을 할 수 있기 때문이다.

당신의 상태가 최고조일 때, 당신은 상황 파악을 아주 잘한다. 사실 다른 어떤 사람들보다 상황 파악을 더 잘해 왔다. 다른 사람들은 상황이 어떻게 돌아가는지 이해하지 못했기에 일을 엉망진창으로 만들어 놓는다. 이것이 당신이 더 뛰어나다는 좋은 기분을 느끼게 하고, 상황이 어떻게 돌아가는지 제대로 아는 '냉철한' 사람임을 보여 준다.

당신의 상태가 최고조일 때, 당신은 무슨 일이 일어나고 어떻게 대처해야 하는지 아는 '냉철한' 사람으로 보인다. 그 누구도 당신이 이렇게 되기까지 얼마나 많이 노력했는지 모른다. 다른 사람들은 얼마나 많은 시간 동안 관찰하고, 생각하고, '연습'했는지 깨닫지 못한다.

당신의 감정을 느끼게 되는 방법은 그 일이 일어난 후에 어떤 일이 일어났는지 자신의 마음속으로 되돌아가는 것이다. 자신의 기억과 상상력을 통해 당신은 모든 것을 경험할 수 있다. 이렇게 해도 괜찮다. 중요한 것은 당신 스스로가 자신의 감정을 느끼도록 해야 한다는 것이다. 감정들이 두렵고 고통스럽더라도 그렇게 해야 한다. 어쨌든 스스로 그것들을 느끼게 하라. 이를 통해 당신은 그들을 보고 과거에 당신이 어떻게 느꼈는지 상상함으로써 다른 사람들이 느끼는 것을 알아낼 수 있을 것이다. 당신이 자신의 감정을 느끼는 것에 능숙해지면 다른 사람들의 기분을 잘 알게 되고, 다른 사람들과 있을 때 좀 더 안전함을 느끼고, 더 쉽게 어울릴 수 있을 것이다.

당신의 상태가 최악일 때, 주위에 일어나는 일들에 대해 매우 당황하게 되고, 두려워하게 되고, 심지어 분노할 수도 있다. 당신은 언제나 자신의 눈, 기억, 상상만을 의지하여 상황을 파악해 왔다. 이것이 효과가 없을 것 같을 때, 당신은 다른 사람들과 멀어지거나 생각없이 충동적으로 행동할 것이다.

이런 일이 일어나기 시작할 때, 당신은 매우 폐쇄적인 마음을 가진 완고한 사람이 된다. 상황 파악을 제대로 하는 것이 당신에게는 중요한 것이기에, 상황을 진짜 이해하지 못했음에도 이해한 척하기 시작한다. 다른 사람들이 당신을 바보 같다고 깔보기 시작한다. 주위에서 당신을 떠미는 듯한 사람들에게 당신은 매우 불쾌하게 대하게 되고, 심지어 폭력적이 된다.

지금 일어나고 있는 일은 당신의 생각이 너무 빠르게 움직이고 있다는 것이다. 당신의 생각은 심지어 자신이 원하지 않음에도 불구하고 계속해서 움직이고 있다. 당신은 이것을 멈출 수 없다. 만약 당신이 계속해서 언제나 상황을 파악하려고 시도한다면 자신의 생각은 자동 조종 장치를 켜게 될 것이다.

당신의 머리는 생각으로 가득 차고 그것들은 사라지지 않을 것이다. 당신은 두통을 겪을 수도 있다. 이 상황 속에서 당신은 자신이 미쳐 간다고 느낄 수 있다. 당신은 한 편의 비디오 영화를 반복해서 본다거나 아무런 이유 없이 무언가를 만들거나 하는 등의 머리를 쓸 필요가 없는 활동에 빠져들 수도 있다. 만약 당신이 알코올이나 마약을 아무 생각이 들지 않게 하기 위해서나 당신의 생각을 멈추게 하는 수단으로 사용한다면 문제가 될 수 있다.

이는 당신을 모든 종류의 문제에 빠지게 한다. 왜냐하면 당신은 일상적인 일들을 돌볼 여유가 없거나 당신이 '백지' 상태에 있을 때, 당신이 했던 일로 곤경에 처하게 되기 때문이다.

지금 일어나고 있는 일은 당신이 통제할 수 없는 것에 대해 두려워하기 시작하고 있다는 것이다. 당신은 외부 세계로부터 어떤 종류의 위험에 처해 있다고 느끼기 시작한다. 당신의 상상력은 자신을 데리고 달아나기 시작할 수 있다. 당신은 무엇인가 나쁜 것이 자신을 잡으러 온다고 생각할 수 있다.

두려움의 감정이 이것을 야기한다. 당신의 감정이 자신의 생각, 소리, 상상을 만들 수 있다. 그 두려운 감정은 당신을 상상과 현실의 차이를 말하지 못하는 수준까지 끌고 갈 수 있다.

조언

당신이 해야 할 일은 자신의 감정, 특히 두려움에 가득 찬 느낌과 접촉을 유지하는 것이다. 이는 당신의 상태가 최고조일 때도 마찬가지이다. 당신은 스스로에게 그것들은 그저 감정일 뿐이라는 것을 말해 주면서 자신을 진정시켜야 한다. 당신은 좋은 상식을 가지고 있다. 당신의 상식을 사용하여 자신의 감정에게 말하고 진정시키라. 당신이 진정되었을 때, 당신은 그 일을 잘 처리할 수 있다. 당신의 머리가 속도를 내기 시작하면, 당신은 아마 무언가를 두려워하고 있다는 것을 기억하고, 알아내려고 하지 말고 자신에게 속도를 늦추라고 말해 주고, 그저 보기만 하라.

그냥 봐라. 그저 당신 머릿속에 남겨 두지 말고 한동안 돌아다

니게 두라. 그러면 당신의 상식이 적당한 때에 당신이 다시 집중할 수 있게 할 것이다. 당신은 상황 파악을 너무 빨리하려는 경향이 있다. 시간을 가지라. 이 방법이 당신에게 더 좋다. 당신은 좋은 관찰자이니 관찰하라.

당신은 잘 들어주는 사람은 아니다. 잘 들어주는 사람이 되는 것 또한 배우라. 다른 사람들의 관찰과 조언을 들으라. 당신은 다른 사람들이 말하는 것을 바로 '곧이곧대로 믿을' 필요는 없다. 그러나 고려하라. 잘 듣는 사람이 된다는 것은 좋은 관찰자가 되는 것임을 명심하라. 당신이 눈으로 관찰하는 것처럼 귀로도 관찰하라.

당신이 감정을 느끼도록 도와줄 수 있는 다른 방법은 로맨틱하고 조용하면서 감성적인 종류의 음악을 듣는 것이다. 음악을 '연구'하기보다는 음악의 느낌이 당신의 내면에 닿도록 두라. 이렇게 함으로써 당신의 감정을 발견하고 느끼게 될 것이다.

여기에 어려운 부분이 있다. 당신의 머릿속에서 일어나는 것을 누군가와 이야기할 용기를 키우라. 누구도 이해하지 못할 것이라는 추측을 하지 않도록 하라. 당신이 누군가와 자신의 머릿속에서 일어나는 일들을 이야기할 때, 당신이 그것들을 어떻게 느끼고 있는지 스스로 계속 질문하라. 몸이 어떻게 말하고 있는지 알아차리라. 이렇게 시작하라. "나는 그때 이런저런 것을 느꼈어……." 그리고 점차 "나는 지금 이렇게 느껴……."라고 말할 수 있도록 노력하라. 당신의 상상력을 현재, 지금 이 순간으로 가져오면 가능해진다. 당신이 지금 무엇을 느끼는지 말할 수 있을 때까지는 한동안 시간이 걸릴 것이다. 하지만 천천히 하라. 그때는 온다. 스스로에 대해 인내심을 가지라.

　이런 일을 할 수 있으려면 연습이 필요하고 힘이 들게 마련이다. 이 연습이 당신으로 하여금 자신의 머릿속에서 길을 잃지 않도록 해 줄 것이기 때문에 당신에게는 매우 가치가 있다는 것을 알게 될 것이다.

　만약 당신이 이 일을 다른 사람 앞에서 하는 것이 어렵다면 노트 한 권을 구해 '노트와 이야기하라'. 무엇이든 떠오르는 것이 있다면 노트에 적고, 그것을 가지고 다니면서 당신이 신뢰하는 누군가에게 말하라. 이 아이디어는 당신의 머릿속에 있는 것들을 꺼내어 다른 시각에서 볼 수 있도록 하고, 당신의 관찰 능력을 사용하여 그것이 무엇인지 파악할 수 있게 한다.

　당신 내면에 있는 모든 것이 진정으로 공허하다고 생각한다면 당신이 바깥세상에 너무 집중한 나머지 내면을 알아차리는 습관이 없다는 것을 의미한다. 당신 내면에 있는 것도 바깥에서 일어나는 일만큼 대단히 흥미로운 것이다. 그리고 당신은 그만큼 배울 수 있다.

　당신은 스스로에게 이 일을 하기에는 자신이 너무 게으르다고 말할 수 있지만 실제로는 그렇지 않다. 그것은 두려움이다. 당신이 느끼게 될 것에 대한 두려움이다. 실수할까 봐 두려워하는 것이다. 진정으로 미지의 것을 두려워할 필요는 없다. 대부분은 괜찮다. 그리고 그 나머지는 당신이 다룰 수 있는 것이다.

　당신을 나머지 인류와 연결시켜 줄 당신의 모습이 항상 옳은 것은 아니다. 당신을 연결시켜 주는 것은 자신의 실수로부터 배우는 것이다. 실수는 학습 상황이다. 이것이 바로 모든 인류가 배워야 할 중요한 것들을 배우는 방법이다. 계속하라. 인류라는 대열에 합류하라. 괜찮은 곳이다.

두 가지의 길

건강과 성장의 길

사람들과 사물들의 매우 좋은 관찰자가 되도록 노력하라. 당신은 훌륭한 집중력을 갖고 있고, 복잡한 것들을 이해할 수 있으며, 새로운 것들을 발명할 수 있다. 박식하고 실용적이며 생산적이 되라. 건강한 5유형은 외부 현실에도 매우 잘 참여하고 자신 있는 분야에서 리더나 전문가가 된다.

경고(문제 발생의 징조)
자기 생각에 '빠지게' 되는 것, 생각과 함께 도피하는 것, 당신의 사고방식을 바꾸지 못하게 되는 것, 바깥세상에서 사라지는 것, 두려워하고 거칠어지고 무모해지는 것

불건강과 붕괴의 길

자제력을 잃는 데서 오는 혼란 때문에 당신은 자신을 바깥세상과 분리하거나 생각 없이 빠져들고, 외부 세상과 다른 사람의 생각에 대해 몹시 두려워하게 되고, 자신과 다른 사람들에게 폭력적이 된다.

성장의 단계

① 주도적이 되라. 그냥 관찰하거나 따르는 사람이 아닌 실천하는 사람이 되라. 행동하기 위해 모든 것을 완벽하게 이해할 필요는 없다. 무엇인가를 시작하고 행하면서 배우는 것도 괜찮다.

② 다른 사람들의 감정에 진정으로 배려하는 사람이 되라. 당신이 할 수 있는 한 최선을 다해서 당신의 감정을 다른 사람과 나누라. 관대한 사람이 되라.

③ 자신의 내면에 더 많은 주의를 기울이라. 당신 안에 있는 선함을 알라. 당신의 가장 친한 친구가 되라.

④ 꼭 완벽하게 할 필요 없이 해야 할 일을 하라. 당신이 모든 것을 이해하기 위해 혹은 무엇인가를 증명하기 위해서가 아닌 그저 그 일이 선하고 가치 있는 일이기 때문에 선하고 가치 있는 일을 하라.

⑤ 당신이 할 수 있는 한 최선을 다하고 그것에 만족하라. 계속해서 더 나아지도록 노력하라. 그것이 단지 좋은 방법이기 때문이다. 더 나은 이해가 당신의 목표이지 완전하고 정확한 지식이 목표가 아니다.

이제 당신은 세상의 좋은 관찰자가 되어 세상을 보고, 듣고, 냄새 맡고, 느끼고, 맛보고, 만질 수 있다. 배울 수 있는 모든 것을 배우라. 당신의 경험에서 배우라. 실수는 없고 오직 배움의 기회만 있을 뿐이다.

당신의 영성

당신에게 최고의 영성은 아마도 당신이 자연스럽게 하는 것과 정반대의 일을 하는 것을 배우는 것이다. 머릿속에 있는 생각을 떨쳐 버리는 법을 배운 다음에 무nothingness에서 일어나는 일을 가만히 보고만 있는 것에 바탕을 둔 고대의 매우 훌륭한 영성이 있다.

8유형 도전가와 7유형 열정가처럼 당신에게는 앉아서 하는 명상을 통해 수행하는 것이 가장 좋다. 이 방법은 생각, 기억, 감정 들이 떠오르도록 한 다음 놓아 보내는 것이다.

당신은 점차 이 노력이 매우 가치 있다는 것을 알게 될 것이다. 당신은 좀 더 침착해지고, 보다 평화로워지며, 더 이상 혼란스럽지 않게 될 것이다. 당신은 이 훈련을 통해 매우 창조적이고 생산적인 실천가가 될 것이다. 그때는 놀랄 만큼 창의적인 방법으로 당신에게 다가올 것이다.

이 과정을 통해 당신의 내면에 있는 선함과 지혜를 볼 수 있게 되고, 그것들이 눈앞에 나타나게 될 것이다. 당신이 이 선함과 지혜를 보고 감사하게 될 때, 당신이 만든 것이 실제로 자신이 만든 것이 아님을 알게 될 것이다. 그것은 당신이 어떤 식으로든 접촉하고 있는 우리 중 누구보다 훨씬 더 위대한 무엇 혹은 누군가의 지혜에서 비롯된 것이다.

날개 유형

두 유형의 사색가가 있다.

사교적인 사색가(6날개를 가진 5유형)

당신은 사람들에게 매우 관심을 가지고 있고 유머 감각도 있다. 당신은 함께할 친구를 원한다. 항상 그런 것은 아니다. 하지만 많은 경우에 당신은 혼자 있는 것을 좋아한다. 당신은 다른 사람들을 믿으려면 시간이 좀 걸린다. 당신은 그들이 어떤 부류의 사람들인지, 그들이 자신에게 무엇을 기대하는지, 그들과 무엇을 하게 되면 자신이 편안한지 미리 확실하게 알고 싶어한다. 일단 이것들을 해결하면 당신은 잘할 수 있을 것이다. 당신은 그들과 함께 농담하며 웃을 수 있다. 가끔은 계속해서 이야기할 수 있는 것에 스스로 놀랄 것이다.

당신은 매우 충실한 친구가 되고, 자신이 잘하는 것이 무엇인지를 알게 되면 매우 열심히 노력하는 사람이 될 것이다. 일단 시작하면 일을 아주 잘한다. 당신이 만약 앞서 언급한 방법대로 자신의 감정을 느낄 수 있다면 다른 사람들과 편안하게 지낼 것이다. 만약 당신이 감정을 느끼고 배우는 것에 노력하지 않는다면 당신은 다른 사람과의 관계에서 큰 어려움이 있다는 것을 알게 될 것이다. 당신은 다른 사람들의 인간적인 면뿐만 아니라 자신과의 인간적인 면과도 멀어지게 될 것이다.

만약 당신이 이런 일이 일어나도록 내버려 두면 다른 사람들에게 매우 심술궂고 비협조적인 사람이 될 것이며, 당신은 다른 사람들과 멀리 떨어져 있기를 원할 것이다. 만약 이런 일이 일어나도록 내버려 두면 당신은 두려움과 외로움을 느낄 것이다. 아니면 다른 사람이 하는 일을 따르는 사람이 되어 당신이 어떤 일에 빠져들게 될지는 생각조차 없이 함께 지낼 수 있다.

내성적인 사색가(4날개를 가진 5유형)

당신은 자신의 파트너 사색가보다 더 조용한 사람이다. 왜냐하면 당신은 상황을 잘 파악하는 좋은 사색가일 뿐만 아니라 자신의 내면에 무엇이 일어나는지 누구보다 쉽게 알 수 있기 때문이다. 당신이 좋은 아이디어를 떠올릴 때, 당신이 한동안 공들인 것에 대해 알게 되었을 때, 당신의 감정은 자신의 생각으로 들어간다. 이런 아이디어들이 어떻게 당신에게 다가오는지 걱정하지 않아도 머릿속에 남겨진 것들이 당신에게 무엇인가를 말해 주는 것이 더 편해진다. 이런 방식으로 당신은 매우 창조적인 사람이 된다.

당신은 다른 유형의 사색가처럼 사람들에게 관심을 갖지 않는다. 당신은 자기 생각에 깊이 잠길 수 있다. 그것이 당신에게는 재미있기 때문이다.

당신은 자신의 아이디어와 그 아이디어로 할 수 있는 것을 매우 자랑스럽게 여긴다. 당신은 어떤 비판도 매우 개인적으로 받아들인다. 당신은 쉽게 상처받을 수 있다. 당신의 감정이 상했을 때, 당신은 매우 분노하고 우울해질 수 있다. 당신은 이런 기분에서 벗어

나기 위해 알코올, 마약, 무분별한 성관계에 빠지고자 하는 경향이
있다.

당신에게 중요한 것은 상처 입은 감정을 받아들이는 것을 두려
워하지 않는 것이다. 나는 이것이 말하기는 쉽지만 하기는 어렵다
는 것을 안다. 당신이 상처 입은 감정을 겪고 우울할 때 그 감정들
이 절대로 사라지지 않을 것처럼 보인다. 그러나 당신이 그 감정들
을 내려놓는다면 그 감정들은 가라앉고, 심지어 사라지게 될 것이
다. 때때로 당신은 아무것도 느끼지 않기를 원하지만, 또 어떤 때는
상처 입은 기억과 현재의 상처를 보내고 싶어하지 않는다. 적어도
당신이 무엇인가를 느끼고 있기 때문이다.

그 감정들을 놓아 보내라. 모두 놓아 보내라. 그 감정들을 쌓아
두지 말고 당신이 느끼지 못하도록 자기 내면에 깊숙이 밀어 넣지
도 말라. 그 감정이 떠오르게 하고, 떠나가게 하라. 그렇게 할 때 당
신은 자신의 선한 감정이 떠오르도록 허락한다. 당신은 자신의 선
함을 너무 확신하지 않는다. 당신이 자신을 지나치게 자책하지 않
고 그냥 그렇게 되도록 내버려 둔다면 자신만의 선함이 나타날 것
이다.

끝맺으며

이런저런 이유로 당신이 어렸을 때 아무도 당신의 선함을 다시 당
신에게 반사하여 당신이 그것을 보고, 느끼고, 믿을 수 있도록 하지
않았다. 다른 사람을 불신하게 만드는 것은 당신 자신의 선함에 대

한 신뢰 부족이다. 다른 사람이 과거에 당신에게 한 일 또는 지금 당신에게 한 일이 아니다. 이것은 곰곰이 생각할 필요가 있는 당신 자신의 비밀이다. 당신의 선함은 언제나 당신과 함께 있었고, 당신은 그것을 알아차리는 것을 배우지 못했을 뿐이다. 진정으로 당신의 선함은 그곳에 있다.

6유형 충성가

쾌활한 충성가 ◁   ▷ 분노하는 반항가

6유형 충성가의 성격은 다정하고 장난기 넘치면서도 걱정스러운 표정을 짓고 있다. 나는 이 유형을 충성가라 부르고 청소년에게는 이 유형을 다른 사람들의 방어자defender로 묘사한다.

이것은 단지 부분적인 이야기일 뿐이다. 6유형의 주요 관심사는 자신을 방어하는 것이다. 이 성격이 가장 두려워하는 것은 공포감이다. 6유형에게 세상은 공격적이고 적대적인 장소이다. 이 성격은 완충 지대에 살면서 끊임없이 우호적인 세력, 즉 방어적인 우정을 추구하고 동맹을 맺으려고 하며, 사방에 숨어 있는 적을 지나치게 경계한다. 어떤 청소년도 겁쟁이라고 불리는 것을 원치 않으며 6유형은 겁(공포에 대한 두려움)이 그 강박이기 때문에 특히 그것에 민감하다. 6유형은 두려움을 마비시켜 쉽게 함정에 빠진다. 남자들은 허세를 부려 그것을 가리려고 부단히 애를 쓴다.

내 상담 과정에서 많은 6유형이 나를 신뢰하게 되고, 비밀을 털어 놓을 수 있는 관계가 될 때까지 자신을 8유형과 동일시하는 것을 알아냈다. 그들의 겁cowardice에 대한 통찰은 자연스럽게 이루어질 필요가 있다. 상담자가 그들에게 그것을 지적하는 것은 심각한 타격을 줄 수 있고, 상담자에게 육체적인 위험이 있을 수도 있다.

공포에 순응하는 젊은 6유형은 동료들과 매우 강력한 의리를 맺거나 의무적으로 유대관계를 형성하고, 삶에 대해 지배하려 하기보다는 권위에 순응함으로써 외로움과 방어의 욕구를 처리한다. 공포에 대항하는 젊은 6유형은 어른의 권위에 수동적으로 저항한다. 공포에 대항하는 젊은 6유형은 그것을 보호하기 위해 동료들의 권위에 지나치게 의존하고 있으며, 그룹의 계획을 따른다.

육체적인 강함은 6유형이 필요로 하는 것으로 그들에게 보디빌딩과 무술을 권한다. 두려움을 어느 정도 잠재우는 것이 그들에게는 좋은 방법인 것 같다.

6유형은 매우 애정이 깊은 사람으로 신뢰할 수 있고, 소중한 사람들을 좋아한다. 그러나 '적'에 해당하는 사람에게는 정반대로 대한다. 1유형과 7유형처럼 이 성격은 순응적이다. 이 세 성격은 특히 광신적인 애국주의나 동성애 혐오자가 되기 쉽고, 모든 형태의 편협함에 빠져들기 쉽다. 물론 이런 성향이 세 성격에만 국한된 것은 아니다.

적용

6유형은 머리형의 세 유형에 속하고 위협받는 내면의 감정을 정당화하기 위해 외부 세계를 끊임없이 살피는 것이 특징이다.

7날개를 가진 6유형이 위협을 느끼면 글자 그대로 복종하거나 원자폭탄의 폭발을 무력화할 수 있을 정도의 순수한 매력으로 그 위협을 무력화하려고 할 것이다. 5날개를 가진 6유형은 위협을 위협으로 대응하고 거칠고 강경해질 것이다.

두 종류의 충성가들의 행동은 부모, 교사, 상담자의 임무를 쉽게 포기하게 할 수 있고, 이것이 이들 행동이 갖고 있는 의도이다. 6유형은 실패에 대한 끊임없는 두려움에 빠져 있고, 자신이 작고 무기력하다는 자의식을 가지고 있다. 6유형에게 어떤 업무를 수행할 것을 부탁해야 할 때는 그 일이 쉽게 할 수 있어야 하며, 그렇지 않으면 불안이 시작된다.

스트레스를 받는 상황에서 6유형은 도망치는 사람이 된다. 이러한 성격은 스스로 느끼는 공포에 직면해야 하고, 세상이 위협적이라는 인식은 대체로 이러한 내면의 불안감을 투영하는 것이라는 것을 알 수 있어야 한다. 여기서 '대체로'라는 말을 쓴 이유는 6유형의 과거와 현재 상황은 위협에 대한 감정을 정당화할 수 있기 때문이다. 여기서 상담자의 임무는 사실과 환상을 구별할 수 있도록 도와주는 것이다. 언어적 및 신체적인 아동학대의 가족력이 어쩌면 사실일 수 있다.

6유형은 개인적이거나 학교 및 자기 계발에 대한 도전을 받아들이고 이를 합당한 노력으로 달성할 수 있도록 작은 단계별 과제들로 어떻게 세분화하는지를 배울 필요가 있다. 성공에 기반을 둔 성공은 계속하기 위해 필요한 안도감을 제공할 것이다.

공포 대항형 6유형은 요구한 것과 정반대로 행동하는 6유형의 반사 작용 때문에 다루기가 매우 어렵다. 한 가지 제안은 내담자를 반항의 제스처로 좋은 선택을 해야 하는 역설적인 상황에 놓이게 하는 것이다. 만약 교사가 학생이 교실에서 예의 바르게 행동하길 원한다면 선택 가능한 대안은 "교장실로 가거나(징계 처분을 받다) 아니면 그냥 여기에 앉아서 이 과목에서 낙제하면 된다."라고 말하면 된다. 만약 교장실로 보내는 것이 확실하게 매우 불쾌한 결과를 가져온다면 둘 다 달갑지 않은 대안일 것이다. 그 사람은 두 가지 대안에 대해 모두 "아니요."라고 말해야 하고, 반발심에 협력해야 하는 것이다.

이 접근은 개인적으로 이루어질 때 효과가 있을 것이다. 만약 이 접근이 공개적인 자리에서 이루어진다면 학생은 불쾌한 선택들 중 하나를 선택해야 하는 강요를 느낄 수밖에 없을 것이다.

앞의 설명에서 알 수 있듯이 6유형에는 매우 다른 두 가지 유형이 있다. 7날개를 가진 6유형은 공포에 순응하고 5날개를 가진 6유형은 공포에 대항한다.

일단 7날개를 가진 6유형과 라포가 형성되었다면 이 성격 유형은 승인을 구하기 때문에 시간이 오래 걸리지 않을 것이다. 당신이 화를 내거나 비판하지 않는 한 당신은 단호하게 지시할 수 있다. 내담자는 공감적인 이해나 기밀을 위반했는지 탐지하기 위해서 계속해서 당신을 주의 깊게 지켜볼 것이다. 당신은 끊임없이 시험받을 것이다. 때때로 당신은 지시적일 필요가 있고 때로는 비지시적이

어야 한다. 이는 미묘한 균형이다.

　일반적으로 말해서 5날개를 가진 6유형은 당신이 비지시적이게
놔두지 않을 것이다. 이 성격은 당신에게 보호(곤경에서 벗어나기 위
해)를 받기 위해 오거나 어떤 특별한 조언을 얻기 위해 올 것이다.
후자의 경우에는 보통 "글쎄, 어떻게 생각하나?"라고 물어본 다음
그것이 마치 추상적인 성격의 흔한 프로젝트인 것처럼 함께 답을
도출하고 그런 다음 "이제 당신 자신의 충고를 받아들여."라고 말
하는 것이 가장 좋다. 내담자는 침묵할 수도 있다. 하지만 상담자
와 내담자 사이에 신뢰가 있다면 내담자는 곰곰이 생각해 볼 가능
성이 크다. 이 경우 무리하게 밀어붙이지 않는 것이 중요하다. 내
담자는 깨달은 조언을 따를 수도 있고, 따르지 않을 수도 있다. 좋
은 것이 또한 매우 실용적이라는 것을 보여 주려고 노력하는 것 외
에 당신이 그 사람을 지혜 쪽으로 흔들 수 있는 것은 거의 없다.

　팔머[1]는 6유형을 편집증적이라 묘사하고, 리소[2]는 6유형을 의존
적 및 자기 파괴적으로 설명한다. 팔머는 아마도 5날개를 가진 6유
형에 초점을 맞춘 반면에 리소는 7날개를 가진 6유형에 초점을 맞
춘 것이다.

　가끔 6유형은 자신을 8유형과 동일시한다. 이 둘 사이의 차이는
명확하다. 8유형은 매우 외향적인 반면 6유형은 내향적이다. 8유
형은 낯선 사람들 속에서도 편안하지만 6유형은 그렇지 않다.

　때때로 6유형은 자신을 9유형과 동일시할 수도 있다. 이것은 순

1) Helen Palmer, *The Enneagram*, p. 62ff.
2) Don Riso, *Understanding the Enneagram*, p. 229ff.

전히 희망적인 생각이다. 6유형은 9유형의 겉으로 보기에 불안이 없는 삶을 갈망하지만 사춘기와 청년기에 6유형은 지나친 경계 상태에 있다. 이와는 대조적으로 9유형은 자신의 가까운 주변 환경에 대해 대부분 모르고 있는 것 같다.

청소년들에게는 날개 유형이 아직 명확하게 정해지지 않는다. 날개 유형은 20대 중반이 되어서야 완성된다.

상담자는 자신의 관찰과 경험에 의존할 필요가 있다. 당신도 알고 있겠지만 너무 서둘러 유형을 확정하는 것은 오히려 역효과를 가져온다.

네 방향의 영향

'6유형 충성가'가 '9유형 화합가'처럼 보일 때

6유형이 더 높은 차원의 능력을 믿고 도약할 때 건강한 9유형처

럼 평화롭고, 건강한 5유형처럼 지혜의 양식을 발견하고, 건강한
3유형처럼 표현하게 되며, 건강한 7유형처럼 일을 자발적으로 하
는 사람이 된다.

격정의 길

나는 자기 파괴적이다.
[화합가]

나는 의존적이다.　　　　나는 반항적이다.　　　　나는 우유부단하다.
[열정가]　　　　　　　　[충성가]　　　　　　　　　[사색가]

나는 매정하다.
[성취가]

'6유형 충성가'가 '3유형 성취가'처럼 보일 때

6유형이 자신의 불안에 굴복하면 다른 사람들에 대한 충성심을
잃고 불건강한 3유형처럼 냉혹해지고, 불건강한 5유형처럼 혼란스
럽고 우유부단해지고, 불건강한 9유형처럼 자멸하며, 불건강한 7유
형처럼 의존하게 된다.

상담 접근법

• 그렇다, 행동하기 전에 행동의 결과를 고려하는 것과 행동에
　대한 인정과 비난을 모두 받아들이는 것을 생각해 보는 것이

중요하다. 이것이 어른다운 방식이다.

- 그렇다, 중요한 일을 실질적이고 책임감 있게 생각할 때 당신의 지혜는 저절로 알려진다.
- 그렇다, 자신과 다른 사람들에게 진실하게 대할 때 삶은 훨씬 덜 복잡하고 혼란스럽다.
- 그렇다, 지금 해야 할 일을 함으로써 미래를 실현하라.

충성가에 대한 설명

개괄적 묘사

만약 당신이 진정으로 충성가라면 당신은 어린 시절에 이유도 모르고 체벌을 받았던 것을 기억할 것이다. 당신은 어떻게 행동해야 할지 몰랐다. 가끔 당신이 자기 일에 신경 쓸 때, 예전에는 부모님이 반대를 하지 않아 당신이 여러 번 했던 어떤 일을 할 때, 갑자기 예상치 못하게 당신은 체벌을 받았을 것이다. 당신이 이를 모면하기 위해 할 수 있는 일은, 당신 인생에서 어른들이 그 순간에 어떻게 느끼느냐에 따라 달라질 수 있다. 그들의 일진이 좋은지 나쁜지에 달려 있었던 것이다. 당신은 그것이 어느 쪽인지 보기 위해 그들을 주의 깊게 살펴보아야만 했다. 때때로 그들은 자신의 문제를 당신에게 떠맡기는 것처럼 보였다. 당신은 항상 여차하면 회피할 준비를 하는 법을 배웠다. 당신은 그들과 함께 있을 때 안전함을 느끼기를 바랐지만 그들의 기분을 믿을 수는 없었다.

충성심은 당신에게 중요하다. 당신은 좋은 친구가 되기를 원한다. 당신은 어떤 사람이나 그룹에 충성하기를 원한다. 당신은 '편을 들어주기'를 원한다. 또한 당신은 사람을 신뢰하거나 그렇지 않을 자신의 자유를 소중히 여긴다. 만약 당신이 그들을 믿을 수 없거나 예측할 수 없다고 느낄 때 자신의 생각을 바꿀 권리를 소중히 여긴다. 만약 그들이 완전히 당신 편이 아닌 것처럼 보인다면 당신은 또한 자기 일을 방해 없이 혼자 독자적으로 하는 독립적인 사람이 되기를 원하지만, 실상은 친구들과 함께 독립적이기를 원하는 것이다.

당신은 누군가 다른 사람에게 괴롭힘을 당하는 것을 볼 때 화를 내기 쉬우며, 그들을 방어할 것이다. 당신은 불공평한 대우를 받는다는 것이 어떤 기분인지 알고 있다.

당신이 가장 중요하게 여기는 미덕은 용기이다. 두려워하지 않는 것이다. 당신은 자신이 얼마나 많은 용기를 가지고 있는지 보기 위해 자기 자신을 시험해 보고 싶어한다. 또한 다른 사람들, 특별히 권위가 있는 사람들을 시험해 보고 싶어한다. 그래서 그들이 아군이 되어 줄지 자신에게 화를 내게 될지를 알고자 한다. 만약 그들이 당신을 최악의 순간일 때 받아들인다면 당신은 그들을 신뢰할 수 있다. 당신이 누군가를 신뢰하기 시작하면, 당신은 어느 누구도 갖지 못한 최고의 친구가 된다. (용기는 두려워하는 것을 두려워하지 않는 것임을 깨닫는 것이 중요하다. 공포는 모든 사람의 삶의 일상적인 부분이다. 용기는 공포 때문에 당신이 멈추는 것을 하지 못하게 한다.)

불행하게도 당신은 지나치게 많이 시험하는 경향이 있어서, 심지어 가장 예의바른 사람들마저 당신에게 분노할 것이다. 많은 사람이 항상 비열하다고 의심받는 것은 참기가 어려울 것이다. 비록 그들이 원하지 않더라도 조만간 당신은 그들이 그런 식으로 행동하게 할 수 있다.

당신에게 안전이란 자신을 지배하는 사람들이 당신을 받아들이는 것이다. 그러나 당신은 집단의 의사를 따르길 원하지 않는데, 이는 집단의 세력들이 당신 편이라는 강한 의구심을 가지고 있기 때문이다. 당신의 상태가 최고조일 때, 당신은 그들을 믿으며 함께할 것이다. 그러나 당신의 상태가 최악일 때, "당신은 날 그렇게 하지 못해."라는 일반적인 반응을 보일 것이다.

당신은 누군가를 자신의 편으로 삼고 싶을 때 매우 다정하고, 사랑스럽고, 매력적일 수 있다. 또한 당신은 권위에 저항하는 게임을 하는 것을 좋아한다. 때때로 당신은 단지 그것을 하면 안 된다는 것을 알기 때문에 할 것이다. 당신은 제대로 대우를 받지 못하고 있다고 느끼면 매우 분노하고, 심지어 비열하게 행동할 수도 있다.

이런 식으로 당하면 당신은 핍박당하고 있다고 느끼기 쉽고, 모든 사람과 모든 것의 최악을 생각하는 경향이 있다. 당신은 모든 사람이 자신을 괴롭힌다고 생각한다. 당신은 화가 나서 두렵게 되고, 자신감을 잃게 되고, 작아지고, 낙담하고, 미친 듯이 행동하게 된다.

조언

세상에는 '좋은 녀석'과 '나쁜 녀석' 모두 존재하지만, 대체로 세상은 당신의 편도 아니고 적도 아니다. 세상을 편안하고 안전한 곳으로 만드는 것은 당신의 능력 밖의 일이다. 세상에는 언제나 당신과 뜻이 다른 사람, 자기 방식대로 일을 처리하기를 원하는 사람, 당신에 대해 편견을 가진 사람이 있다. 세상은 오직 당신이 스스로 자신을 돌볼 수 있도록 해야 할 일을 할 때 안전한 곳이 된다. 이 말은 당신은 책임감이 있어야 하고, 시스템에 협조하여 기술을 배우고, 신뢰를 쌓고, 있는 그대로의 이 세상에서 자기 자신을 돌보기 위해서, 성취하기 위해 필요한 것을 성취해야 한다. 그런 후에 당신은 자기 마음대로 할 수 있고, 자신을 돌보고, 자신과 다른 사람들을 방어할 수 있을 것이다.

두 가지의 길

건강과 성장의 길

당신이 협조하기로 결정했으면 협력하려고 노력하라. 이런 방식으로 당신은 자기 주도적이 되고, 신뢰하게 되고, 자신감을 갖게 되고, 독립적이 되고, 결단력 있게 되고, 신뢰할 만하게 될 것이다. 건강한 6유형은 권위가 있는 현명한 사람이 되고, 존경받고, 닮고 싶은 사람이 되는데, 그들은 힘없고 약한 자들의 보호자이기 때문이다.

경고(문제 발생의 징조)

우유부단해지는 것, 무엇을 해야 할지 듣기를 바라는 동시에 누구의 지시
나 지도를 받지 않는 것, 문제가 생겼을 때 다른 사람을 비난하는 것, 부
정적이고 의심하기 시작하는 것, 언제나 모든 사람과 모든 것의 최악을
생각하는 것, 책임감에서 도망치는 것

불건강과 붕괴의 길

모든 권위와 당신에게 무엇을 해야 할지 말하려고 하는 사람
을 매우 증오하고 폭력적으로 되는 것, 자멸하게 되는 것, 문제와
그 원인을 찾는 것, 당신의 문제로 남을 비난하는 것, '도망치는 버
릇'—종종 무엇으로부터 도망치는지도 모름

성장의 단계

① 두려움을 버리고 세상을 믿으라. 당신이 허락한다면 당신에
  게 공정한 기회를 줄 것이다. 자신의 상식을 믿고 따르라. 당
  신이 알고 있는 것은 현명하고 용기 있는 일이다.

② 스스로 좋은 일을 하는 사람이 되라. 이는 당신을 독립적이
  고, 자립적이며, 혼자 잘해 나가는 사람이 되게 하고, 당신은
  이를 할 수 있을 때까지 가족, 친구, 가정에 대한 애착을 끊게
  한다.

③ 일단 이렇게 하면 당신은 부모의 이미지가 필요한 다른 사람
  들에게 좋은 본보기가 될 것이다. 스스로에게 좋은 부모가 되

면 당신은 인간이 어떤 존재가 될 수 있는지 보여 주는 훌륭한 예가 될 수 있을 것이다.

날개 유형

세상에는 매우 다른 두 충성가가 있다.

쾌활한 충성가(7날개를 가진 6유형)

당신의 상태가 최고조일 때, 당신은 다정하고, 관대하고, 협조적이고, 유쾌하고, 함께하기 즐거운 사람이다. 사람들은 자연스럽게 당신에게 끌릴 것이다. 당신은 좋은 유머 감각을 가졌고 사람들을 웃게 한다. 그러나 당신의 유머에는 자주 '쏘는' 것이 있는데, 이는 내면의 많은 분노가 표출되는 것이다. 당신은 권위 있는 곳에서 잘 보이는 데 능숙하지만, 권위 있는 사람들로부터 어떻게 하라는 말을 듣는 것은 싫어한다.

당신은 대체로 권위자가 당신에게 친근하게 하는 한 그 권위자에게 협조적이다. 그러나 그 권위자가 당신에게 요구를 하게 되면 기분이 나빠지고, 부정적이 되고, 학교나 회사에 가지 않거나 팀에서 빠지는 식으로 그 상황에서 벗어나려고 시도한다. 이것은 당신이 게을러서가 아니다. 당신은 에너지가 넘친다. 그저 지시를 받는 것이 싫을 뿐이다.

당신은 아버지나 아버지를 대신했던 사람이 당신에게 어떻게 대했는지 상관없이 그들이 당신을 바깥세상으로부터 보호할 것이라고 여겨 매우 존경한다. 당신은 독립적이고 자립적이기 위해 필요한 것들을 스스로 행하는 데 많은 어려움이 있었다. 당신은 사람들이 '당신을 만들어' 주길 바랐다.

당신은 어른이 되는 것을 다소 두려워하는데, 어른이 된 세상을 감당할 능력이 안 될 것이라고 생각하기 때문이다.

당신이 무언가에 성공하고 있는 것처럼 보일 때 당신은 그것에 대해 불안해한다. 당신은 성공적인 것처럼 보이고 싶지 않다. 왜냐하면 눈에 띄고 주목을 받을 것이기 때문이다. 이는 당신을 다른 사람들의 공격과 비난에 노출할 것이다. 당신은 눈에 띄기보다는 우호적이고 경쟁적이지 않은 그룹 안에 있는 편을 선호한다.

당신은 자신에 대해 이런 것을 좋아하지 않는다. 그리고 당신의 두려움을 비밀로 하려고 한다. 이따금 당신의 분노가 표출되고 파괴적일 수 있지만 당신에게 반감을 가진 것에 대해 세상으로부터 되돌아갈 수 있는 길을 찾는 방법으로 당신은 장난을 치고 재미있게 노는 걸로 이것을 덮는다.

당신이 깨달아야 할 것은 자신의 상상력이 세상의 어려움을 증폭시킨다는 것이다. 한 번에 한 걸음씩만 내딛고, 최선을 다하고, 제시간에 하면 대부분의 일을 처리할 수 있다. 당신은 자연스럽게 잘못될 수 있는 모든 것에 익숙해져 있다. 당신이 잘못될 수도 있는 것이 잘못될 것과 같지 않다는 것을 깨닫는 순간, 당신은 잘할 것이다. 최고의 방어는 잘 준비하는 것이다.

당신의 상태가 최고조일 때 해야 할 일을 할 수 있다. 당신의 상태가 최악일 때, 당신은 성장의 요구로부터 도망치는 길을 찾고, 조금 더 오래 '그저 어린아이'에 머물 수 있는 방법을 찾는다. 당신은 모든 종류의 중독에 매우 취약하다. 술, 약물, 무책임한 성관계는 성인의 세상에서 벗어나기 위해 사용할 수 있다. 그러나 효과는 없다. 시간이 흐를수록 당신은 나이를 먹게 될 것이고, 어른들 세상에서 감당하지 못하는 자신을 발견하게 될 것이다. 당신이 가장 두려워하는 것이 현실이 될 것이다. 사람들은 당신을 망신 줘도 괜찮을 것이라 여기게 된다.

당신의 영성

당신은 삶의 방식, 일련의 규칙들, 행동 규범과 같이 자신을 강하다고 느끼게 해 주고 자신을 안전하게 지켜 주는 것들을 찾는다. 대부분의 영성과 종교는 이런 것들을 가지고 있다. 종교와 영성이 할 수 있는 일들 중 하나는 살아가는 하나의 방법 또는 여러 방법을 설명하고 현대 사회와 미래 세대를 위해 그것을 보존하는 것이다. 당신이 존경하고 자신을 헌신할 수 있는 삶의 방법을 찾으라.

당신이 깨달아야 할 중요한 것은 행동의 규범과 지침들을 당신이 옷처럼 입는 것으로 여길 때는 도움이 되지 않는다는 것이다. 당신은 삶의 길을 신중하게 살펴보아야 하고, 단어 밑에 숨겨진 지혜와 미덕들을 보고 이해하여야 하고, 자신에게 "나는 이렇게 되고 싶어. 나는 이렇게 될 거야."라고 말하라.

그냥 시늉만 하는 것은 당신에게 도움이 되지 않을 것이다. 당신은 정말 그것에 대해 깊이 생각해 볼 필요가 있다.

분노하는 반항가(5날개를 가진 6유형)

당신의 파트너 충성가와 달리 당신은 아버지나 아버지 역할을 맡은 사람을 존중하거나 존경하지 않는다. 당신은 존중하고 존경하고 싶지만 그러지 않았다.

또한 당신은 쾌활한 방어자보다 조용하고, 진지하고, 의심이 많고, 분노가 더 많다. 당신은 좀 더 자주 문제에 빠진다. 그리고 당신이 권위자를 마주하고 당신의 행동에 대한 대답을 해야 할 때 당신은 뚱하게 침묵을 지키거나, 당신이 술을 마셨다면 정말로 그들을 꾸짖었을 것이다.

당신의 상태가 최고조일 때, 당신은 권위 있는 사람들의 눈에 띄지 않게 자기 계발self-development 사업에 협력하고 잘 처리할 수 있을 만큼 충분히 영리하고 똑똑하다. 당신은 '수풀 속에 낮게 누워' 있고 권력의 자리에 있는 사람들에게 협조하여 그들이 당신을 귀찮게 만들지 않도록 한다.

당신의 상태가 최악일 때, 사람들이 당신을 괴롭히는 것을 막기 위해 거친 사람의 이미지를 가장하고 있지만 정말로 싸우고 싶지는 않다. 당신은 '잠자는 곰을 찌르는 것', 즉 권위에 대해 도전하는 것을 좋아하고, 숨어서 그 곰의 분노와 혼란스러운 모습을 지켜보는 것을 좋아한다. 당신이 생각하는 대로 보이고 행동하지 않는 사람에게 당신은 매우 편협하고 폭력적이 될 수 있다. 당신은 자신과 같은 방식으로 느끼는 사람들과 함께할 것이다. 약하고 연약한 사람들의 방어자가 되는 대신에, 당신은 그들 중 하나를 괴롭히는 사람이 될 것이다. 당신은 불량배가 된다.

　당신의 상태가 최악일 때, 세상에 적대적인 태도를 취하고 반대편에 있는 것에 힘을 느낀다. 또한 당신은 어른이 되어 가는 것을 다소 두려워한다. 당신은 그 두려움을 거칠게 사는 것으로 덮으려고 한다.

　당신은 알코올이나 약물 중독자가 될 수 있고, 술이나 약물에 취했을 때 세상을 향한 당신의 모든 분노를 터트릴 것이다. 당신은 다른 사람과 자신에게 매우 위험한 사람이 될 수 있다. 당신은 자멸할 수 있고, 실패를 초래할 수 있고, 스스로 순종하지 않는 사람이 된 것에 대해 자신을 학대하는 동시에 자신의 불순종에 대해 일종의 자부심을 갖는다.

　당신은 자신을 위한 도움을 찾지 않을 것이다. 당신의 약함을 인정하는 것을 두려워할 것이다. 조언이나 도움을 무시하는 가운데, 당신은 결국 모든 사람이 '등을 돌리기'를 바란다.

　당신에게 용기가 중요하지만 당신은 스스로 '지기 위해 태어났고, 세상은 내게 적대적이다'라는 사고방식을 갖게 되고, 당신이 실패한 것은 당신의 잘못이 아니라는 것에 동의해 줄 다른 '지기 위해 태어난' 사람들을 찾아 자신의 친구로 삼는다. 당신은 자신이 가장 두려워하는 것이 될 것이다. 그것은 패배자이다.

　삶에서 당신을 제지하는 것은 다른 사람이 아니다. 당신을 제지하는 것은 실제 또는 가상의 위험에 대한 자신의 두려움이다. 당신의 가까운 친구를 제외하고 온 세상이 당신에게 불리하다고 믿는 것이다.

　당신이 세상을 위험한 적으로 간주하고 대한다면 그것은 자신의 두려움을 증명하는 방식으로 당신에게 반응할 가능성이 매우 높다.

당신의 영성

당신은 당신에게 무엇을 해야 하고, 어떻게 살아야 하는지를 말하려는 사람을 신뢰하지 않는 경향이 있다. 이것은 당신이 스스로 문제를 파악해야 한다는 것을 의미한다. 당신은 다른 사람에 대한 좋은 관찰자이며 사색가이기 때문에 그렇게 할 수 있다. 당신 주위에 자신이 알고 있는 사람들을 보라. 무엇이 그들의 삶을 더 힘들고 복잡하게 하는가? 그들이 '잠자는 곰을 깨우기' 위해 무엇을 하고, 무엇이 그 곰이 그들에게 덤벼들게 하는가? 당신의 실수에서 배우라. 당신도 같은 행동을 한다면 그들에게 일어난 일들이 당신에게도 일어날 수 있음을 예상하라. 자신을 위한 현명하고 엄격한 권위자가 되라. 당신의 실수와 다른 사람의 실수에서 배우고, 더 어린 사람들에게 본보기가 되어 그들이 자신을 망치는 분쇄기에 끼지 않도록 하라.

끝맺으며

당신은 불안을 가지고 있으며, 그 불안이 사라지는 것을 원치 않는 것처럼 보인다. 영화 카메라와 같은 당신의 상상력은 세상이라는 영화 스크린에 모든 불안을 투영한다. 세상을 두려운 곳으로 만드는 것은 대부분 당신의 상상력이다. 삶은 힘들지만 당신이 삶을 감당하지 못한다는 의미는 아니다.

당신은 언젠가는 자신의 가족을 갖게 될 것이다. 가족을 위한 준비를 하라. 가족은 당신이 강하고, 현명하고, 유능한 사람이 되기를 바랄 것이다. 그들은 당신의 보호와 부양이 필요하다. 당신이 지금 해야 할 일을 함으로써 그때가 되면 당신은 준비가 될 것이다. 당신의 가장 가까운 친구들은 미래에 당신의 가족이 될 것이다.

가장 당신을 적대시하는 사람은 자신이다. 당신이 자신과 자신의 실제 능력을 믿고 그다음에 일을 처리한다면, 당신은 언제나 자신이 되고 싶은 그런 사람이었다는 것을 발견할 것이다.

7유형 열정가

사람 지향의 열정가 ◁   ▷ 공격적인 열정가

7유형 열정가는 매우 재미있고, 활기차며, 다정한 모습을 보인다. 7유형은 매우 사교적인 성격이다. 내가 이 성격의 이름을 정한 초기 단계에서는 7유형을 파티광party animal이라고 불렀지만 요즘 대부분의 청소년이 파티광이 되어야 한다고 느끼기 때문에 나는 그 이름을 삭제해야만 했다. 이 성격이 가장 두려워하는 것은 빈소와 장례식장 같이 슬프고 고통스러운 상황을 초래하는 감정적으로 괴로운 기억들이다.

7유형은 또래들의 죽음에 대한 슬픔을 이겨 내는 데 상당한 어려움을 겪는다. 내 생각에 소중한 다른 사람들의 죽음과 상실에 대처해야 하는 모든 7유형에게 상담은 필수적이다.

아마도 7유형 고등학생의 가장 큰 슬픔은 자신의 유년 시절을 보

내는 것일 수 있다. 7유형은 9유형보다 예전 일들을 훨씬 더 그리워하고 슬퍼한다.

7유형은 항상 열심히 하며 육체적으로 끊임없이 움직이고 있다. 7유형은 언제나 자극을 받을 수 있는 이벤트를 계획하고, 그것에 쉽게 싫증을 낸다. 7유형은 강박적으로 즐거운 경험을 찾고 있다. 탐닉gluttony은 7유형의 강박이다. 만약 중독성 있는 성격이 있다면 그것은 7유형이다. 계획하는 것(대부분 가까운 미래를 예상하는 것)은 함정이다. 7유형은 항상 현재의 경험보다 앞서 있기 때문에 순간의 쾌락을 놓치고, 그 쾌락은 7유형의 욕구이기에 현재의 쾌락에 절대로 만족하지 않는다.

휴식이나 명상 요법은 그들에게 매우 도움이 된다. 나는 그들이 그런 요법을 하는 것에 대해 얼마나 호의적인지에 대해 항상 놀란다. 7유형은 피암시성이 몹시 강하다. 그러나 상담자는 이 치료의 결과로 표면화될 수 있는, 심리적으로 고통스러운 잠재 의식적인 요소들에 대해 경각심을 가질 필요가 있다.

7유형과 3유형의 주요한 차이점은 3유형이 사회적으로 경쟁심이 강한 것에 반해 7유형은 사회적으로 매우 관대하다. 7유형과 4유형은 둘 다 위험을 감수하고 약물을 남용하기 쉽지만 7유형은 순수하게 흥미와 즐거움을 위해서 그렇게 하고 4유형은 우울증에 빠지는 것을 막기 위해 그렇게 한다. 7유형은 현실 도피라는 것을 알지 못하지만 4유형은 알고 있다. 7유형이 그의 약함과 자기 방식의 잘못된 점들을 직면하는 상황이 되어 압박을 받으면 1유형처럼 극도로 자신을 판단하게 되고 자책하게 된다.

7유형과 2유형의 주요한 차이점은 2유형이 오래 가는 일대일의 지속적인 관계를 발전시키는 것을 염두에 두고 파티에서 빠르게 짝을 찾지만 7유형은 개인적인 관계에서는 사교성이 뛰어난 마당발이다. 7유형은 곤경에 처한 친구를 재빨리 변호할 것이며, 이것은 8유형의 악의를 가지고 그렇게 할 것이다.

7유형과 9유형 사이의 유사점은 둘 다 즐거움을 위해 무엇인가를 한다는 것이다. 게임이나 파티가 더 이상 재미있지 않을 때 그들은 둘 다 흥미를 잃는다. 7유형은 자신이 먼저 시작하지만 9유형은 그렇지 않다. 7유형은 무엇인가 다른 것으로 옮겨 가지만 9유형은 '멍하게 있으면서' 자신의 세계로 사라져 버린다.

7유형은 일반적으로 어머니에 대해 부정적인 애착(놓아 줄 수 없는 어머니를 향한 나쁜 감정)을 가지고 있다는 것을 알게 된다. 7유형은 그녀를 놓아 줄 수 없으며 6유형처럼 현명하고 자신을 이끌어 줄 아버지를 찾고 있다.

7유형은 사회적으로 서투른 5유형처럼 물러나는 사람을 놀리는 경향이 있다. 그러나 보다 좋은 순간에 7유형은 5유형처럼 성찰하고, 사색적이고, 영적으로 굶주린 사람처럼 된다.

이 모든 비교는 7유형의 다재다능하고 광범위한 재능과 함정들을 지적하는 것이다.

적용

7유형 열정가는 머리형의 세 유형에 속하고 과로하는 것이 특징이다. 7유형은 활발한 활동을 통해 불안에 대한 두려움을 해소한다. 다음 이벤트에 (현재가 만족스럽지 못하기 때문에) 대한 끊임없는 움직임과 계획으로 7유형은 모든 고통스러운 감정으로부터 분리되려고 한다. 어떤 사람들은 7유형의 가장 큰 두려움은 문자 그대로의 죽음과 은유적인 죽음 둘 다라고 말한다. 7유형의 의식 바로 밑에는 많은 불행함이 있다. 무의식이 주는 압박감이 클수록 활동은 더 조증이 되기 쉽다. 7유형에게 오랜 시간 동안 가만히 앉아 있는 것은 매우 어려울 수 있고, 긴 상담 시간 동안에 쉬는 시간이 필요할 것이다.

젊은 7유형은 강렬한 쾌락적인 행동을 보인다. 공허감은 표면 바로 아래에 있고, 무엇이든 즐거운 것이라면 중독되는 것은 거의 확실하다. 7유형의 중독 패턴은 아무것도 채워 주지 못하기에 다중 중독이다.

6날개를 가진 7유형은 강한 아버지상을 동경하는 경우가 많고, 상담자가 남성일 경우 상담 관계에 쉽게 의존할 수 있다. 8날개를 가진 7유형은 보다 더 독립적이고 자주 어머니상과는 불만족스럽거나 적대적인 관계를 갖는다.

8날개를 가진 7유형은 다른 사람에 대하여 불만을 토로할 때를 제외하고는 상담을 받으려고 하지 않는다. 7유형은 '보통 사람들'보다 우월하다고 느끼고 상담 과정을 경시하는 경향이 있다. 자기 노출을 할 때 이들은 상처받은 것에 대해 거의 말하지 않으려 한다. 그러므로 그들은 자신들의 고통스러운 감정에 집중할 필요가 있다. 그들은 그것을 회피할 수 있고, 진정 현재에 필요한 것보다는 사소한 일과 미래의 계획에 대해 말할 수 있다.

만약 7유형이 아동학대를 당한 적이 있다면 내담자는 잘 기억하지 못할 것이다. 이것은 어쩌면 다행스러운 일인지도 모른다. 그 사람이 더 강해지면 나중에 기억이 표면화될 것이다.

때때로 7유형은 자신을 2유형으로 동일시한다. 이 둘의 차이는 2유형은 인간관계에서 안정을 찾는 반면에 7유형은 끊임없는 다양성을 찾는다는 점이다.

7유형은 3유형 성취가의 겉모습을 가질 수 있지만 3유형은 7유형보다 훨씬 더 이미지를 의식한다. 7유형은 순응하는 사람이지만 3유형은 자신만의 스타일을 정한다.

팔머[1]는 7유형을 '나르시시스트'로 보는 반면에, 리소[2]는 7유형을 의존적인 사람으로 본다. 아마 둘 다 맞는 견해일 것이다. 팔머는 8날개를 가진 7유형에 초점을 맞추고, 리소는 6날개를 가진 7유형에 초점을 맞췄을 것이다.

청소년들에게는 날개 유형이 아직 명확하게 정해지지 않는다. 날개 유형은 20대 중반이 되어서야 완성된다.

상담자는 자신의 관찰과 경험에 의존할 필요가 있다. 당신도 알고 있겠지만 너무 서둘러 유형을 확정하는 것은 오히려 역효과를 가져온다.

1) Helen Palmer, *The Enneagram*, p. 62ff.

2) Don Riso, *Understanding the Enneagram*, p. 229ff.

네 방향의 영향

'7유형 열정가'가 '5유형 사색가'처럼 보일 때

7유형이 일단 속도를 늦추고 지금 이 순간의 현실을 이해하게 되면 건강한 5유형처럼 생각이 깊어지고, 건강한 6유형처럼 책임감이 있고, 건강한 1유형처럼 용서하고, 건강한 8유형처럼 자신감 있게 된다.

'7유형 열정가'가 '1유형 개혁가'처럼 보일 때

7유형이 1유형처럼 보일 때 불건강한 1유형처럼 용서하지 못하고 경직되며, 불건강한 6유형처럼 광란자가 되고, 불건강한 5유형처럼 인색해지고, 불건강한 8유형처럼 분노로 가득 차게 된다.

상담 접근법

- 그렇다, 당신이 속도를 늦추고 가만히 있을 때 사물을 보다 명확하게 보고, 더 높이 평가한다.
- 그렇다, 시간을 내어 당신을 사랑하는 사람들의 선함을 알아채고 있는 그대로 받아들이면 당신은 매우 충성스러운 사람이 된다.
- 그렇다, 당신이 있는 그대로 충분히 훌륭하다고 믿을 때 당신

은 다른 사람의 선함을 볼 수 있다.

- 그렇다, 감사하고 용서할 때 사랑하는 본성이 드러난다.
- 그렇다, 일단 속도를 줄이면 인생은 만족할 수 있다. 그것의 선함을 알아차리라.

열정가에 대한 설명

개괄적 묘사

만약 당신이 진정으로 열정가라면 자신의 가정환경이 어떠했는지 생각하지 않는 것이 나을 것이다. 당신이 물질적으로 안정된 삶을 살았거나 혹은 그렇지 않았거나 가정사에 고통스러운 감정과 기억들이 큰 부분을 차지한다. 아마도 당신의 어머니와의 관계가 이 고통의 근원일 것이다. 그래서 당신은 가족의 과거를 회상할 때 아버지와의 관계에 초점을 맞추는 것을 선호한다. 만약 당신의 아버지가 같이 살지 않거나 당신이 성장할 때 자주 자리를 비웠어도, 당신은 현명한 아버지에 대한 그리움이 있을 수 있고, 그의 자리를 채울 누군가를 계속 찾을 것이다.

행동이 당신의 주요 초점이다. 당신은 천성적으로 낙관적이고, 열정적이고, 자발적이고, 사교적인 사람으로 삶을 진정으로 즐기기를 원한다. 당신의 상태가 최고조일 때, 당신은 자발적으로 행동하는 사람, 실천하는 사람이다. 당신은 폭넓은 재능을 가지고 있고 위험을 감수하는 것을 두려워하지 않는다. 당신은 일을 해내는 사람이고, 당신이 하는 그대로 자신을 즐기고자 한다. 당신은 쉴 새 없이 활동하고자 하고, 다음에 무엇을 하고 싶은지에 대한 계획을 세우는 것을 즐긴다. 당신은 쉽게 싫증을 낸다. 당신은 지금 이 순간에 머무는 것이 힘들다.

당신은 언제나 미리 계획하고 현재나 과거보다 미래에 더 많은 관심을 갖는 경향이 있다. 당신의 상태가 최고조일 때, 삶을 '꿀꺽 삼키기gulp'보다는 '홀짝 마신다sip'. 당신은 언제나 즐길 수 있는 다른 즐거운 경험을 알고 있어서 자신이 할 수 있는 한 많은 경험을 하도록 계획한다. 당신의 상태가 최악일 때, 당신은 삶의 즐거움을 '꿀꺽' 하고 삼키는데, 이는 내면의 공허함을 채우고자 하는 시도이다.

당신의 상태가 최고조일 때, 당신은 같이 살기 정말 편한 사람이다. 당신은 지금 가지고 있는 모든 좋은 것을 즐기고, 인정하고, 감사한다. 마치 훌륭한 와인처럼 삶의 즐거움은 그 즐거움이 생길 때 맛보는 것이다. 당신은 물질적인 것들에 감사하고 좋은 삶을 추구하는 것을 전혀 부끄러워하지 않는다.

현재를 즐기는 것에서 당신을 멀어지게 하는 것은 당신이 속도를 늦추고 거기에 있는 모든 것을 알아차릴 때이다. 당신은 또한 현재에 불쾌하고 고통스러운 현실이 존재한다는 것을 알게 된다. 이것은 자주 당신을 불안하고 긴장하게 만든다.

당신의 상태가 최악일 때, 당신은 다른 사람들보다 뛰어나다고 느낀다. 당신은 다른 사람들에게 매우 비판적이고 그들을 참지 못한다. 누군가가 당신에게 무엇인가 심각한 것을 살펴보도록 요구하면 당신은 위협을 받고 있고, 무시를 당한 것으로 느낀다. 안정되고 평안함을 느낄 때 좋은 것들에 대한 당신의 자발적인 반응인 "모든 것을 한꺼번에 가지라."는 것이다. 그러나 자기주장이 도전받을 때에는 충동적이고 분노로 변하게 된다.

보통 열린 마음을 가진 당신은 매우 옹졸해지고 비판적인 사람이 될 수 있다. 당신의 상태가 최고조일 때, 삶의 흐름을 가벼운 마음으로 이어 갈 수 있다. 당신이 최악의 상태일 때, 당신은 너무 요구를 많이 하고, 까다롭고, 사소한 것에도 쉽게 화를 내는 사람이 된다. 일들이 자신이 계획한 대로 흘러가지 않을 때 혹은 일들이 자신이 원하는 대로 흘러가지 않을 때, 당신은 다소 고약한 사람이 되어 같이 살기 괴롭게 된다.

당신은 불쾌한 사람이 되는 것을 원하지 않고, 불쾌한 것들을 좋아하지 않기 때문에 매우 날렵하고, 현란하며, 지나치게 명랑하다. 이런 기분이 들도록 행복하고 열정적으로 행동하는 것으로 당신이 행동에 옮길 때, 당신은 매우 성가신 사람이 될 수도 있다.

당신은 잘못되는 것을 좋아하지 않는다. 당신은 합리화하는 경향이 강하다. 재해석, 언쟁, 자신이 가진 약점과 저지른 실수에서 벗어나기 위한 말들이 그것이다. 당신은 다른 사람들을 비난하거나 폄하하는 식으로 이를 행한다. "어쨌든 별일 아니었어." 당신은 일이 잘 풀리지 않을 때 아무렇지 않은 척할 수 있다.

당신의 훌륭한 재능은 삶에서 좋은 것들에 대해 감사할 수 있다는 것이다. 당신의 가장 큰 약점은 불쾌하고, 어렵고, 지루하고, 고통스러운 현실로부터 도망치는 것이다. 당신은 매우 생각이 깊고 이타적인 사람이 될 수 있다. 또한 당신은 매우 충동적이고 자기중심적이 될 수 있다. 당신은 후자를 인정하는 것을 어려워한다.

일이 잘 풀릴 때, 당신은 다른 사람의 감정에 민감하다. 그러나 당신이 무리하거나, 지나치게 계획하거나, 흥분하게 되면 당신은 다른 사람들에 대해 둔감해질 것이다. 이는 당신이 나쁜 사람이 아니라 자신의 계획, 자신의 방식대로 하는 것, 삶의 일상적인 걱정과 스트레스를 피하는 데에 몰두하였기 때문이다.

또한 당신은 다른 사람들이 어떻게 되어야 하는지에 대해 이상주의적인 경향이 있다. 다시 말해, 남들이 하는 방식이 당신에게 결코 만족스럽지 못하다. 이건 우정과 연인 관계를 유지하는 것을 매우 어렵게 만들 수 있다. 자기도 모르게 당신은 자신의 친구나 연인에게 그들이 어떤 면에서 부족하다는 인상을 줄 수 있다.

당신이 누군가를 좋아하거나 사랑하는 것을 그만두겠다고 결정하면 좀처럼 자신의 생각을 바꾸지 않는다. 이것은 당신을 아는 사람들에게 당신이 아무도 필요하지 않으며, 다른 사람과의 관계에 대한 당신의 헌신이 절대 확고하지 않다는 인상을 남길 수 있다. 마치 당신이 말하는 것 같다. "우리 관계가 나를 불편하게 하지 않는 한 나는 너와 함께 있을 거야."

당신이 매우 사랑스러운 사람이기에 이것은 당신을 사랑하는 사람들에게 상당한 스트레스를 줄 수 있다. 왜냐하면 그들은 항상 최선을 다해야 한다고 느끼기 때문이다. 한 번의 실수가 그 관계를 끝낼 수 있다.

어쩔 수 없이 속도를 늦출 때와 할 일이 없을 때 당신은 매우 지루해진다. 지루함은 정말로 불안과 스트레스를 경험하게 한다. 무슨 일이 당신에게 생길 것 같은 느낌이다.

당신에게 속도를 늦추는 것, 이상적인 것보다 덜한 것에 만족하는 것, 불편하게 하는 모든 기억과 감정에 직면하는 것은 당신이 하기 힘든 모든 것이다. 하지만 만약 당신이 이런 일들을 하지 않는다면 행복하고 즐거운 삶은 항상 도망갈 것이다. 어떤 것도 당신에게 결코 충분하지 않을 것이다. 당신은 항상 더 많은 것을 원할 것이다.

조언

무엇보다 당신은 선천적으로 함께하면 즐겁고, 멋지고, 재미있는 사람이라는 것을 깨달으라. 그러나 어떤 것도 쉽게 되지 않는다. 심지어 자연스러운 자기 자신이 되는 것조차도 쉽지 않다. 여기 당신이 자연스럽게 멋진 사람이 되고 또 그렇게 머무르기 위해 해야 할 몇 가지 것들이 있다.

합리화나 문제를 축소시키지 않고 차분하게 자신에게 다가오게 함으로써 인생의 고통스러운 문제에 직면하는 법을 배우라. 이를 행하는 것이 당신에게는 어려울 것이다. 한동안 기분이 끔찍하고 우울할 수 있고, 이 고통은 영원할 것 같지만 실제로는 그렇지 않다.

당신은 문제 앞에서 도망가는 습관이 있다. 그만 도망치라. 그 문제들이 다가오게 하고, 그 문제와 함께하고, 그 문제가 가지고 있는 현실을 받아들이고, 그것들을 통해 배우고, 떠나가도록 놔두라. 당신이 문제들을 손에 쥐고 있는 한 그것들은 떠나갈 수가 없다. 만약 당신이 그것을 쥐고 있다면, 그것을 보고, 느끼고, 이해하고, 놓아 보내라. 다시 돌아오지 않을 것이다.

각각의 문제를 여름날의 폭풍처럼 보라. 당신은 도망칠 수 없기에 폭풍이 그냥 오도록 하고 비가 내리도록 놔둔다. 폭풍은 계속되지 않는다. 폭풍은 지나갈 것이고, 하늘은 더 깨끗해지고 맑아지게 될 것이다. 그 어느 때보다 밝은 날이 될 것이다.

이렇게 함으로써 당신은 깊이를 더하게 될 것이며, 인생에서 더 소박한 것과 평범한 것에 감사할 수 있게 된다. 당신은 더 민감하고, 더 사랑스럽고, 더 사랑받을 만한 사람이 될 것이다.

당신에 대한 강한 두려움은 만약 당신의 인생에서 천둥에 직면할 때, 자신이 그리 좋은 사람이 아니라는 것을 발견하게 될 것이라는 것이다. 그러나 진실은 당신이 천둥을 마주할 때, 실제로 당신은 생각하는 것보다 더 좋은 사람이라는 것을 발견하게 될 것이라는 것이다. 당신의 타고난 선함을 발견할 것이다. 그것은 다른 모든 사람이 항상 당신 안에서 볼 수 있었던 선함이다. (어쩌면 당신의 어머니는 아닐 수 있다.)

화가 나면 열까지 세고 조용한 곳에 있으라. 당신은 사람이나 상황을 흑백논리와 좋고 나쁨으로 보는 경향이 있다는 것을 알아차리라. 당신이 누군가에게 자신을 설명해야 할 필요가 있을 때, 고통스러운 당혹감을 피하기 위해 이야기를 지어내는 경향이 있다는 것을 알아차리라.

실수를 인정하는 것은 당신에게 쉽지 않은 일이다. 당신의 실수와 약함을 인정하는 것은 괜찮은 일이다. 이는 매우 인간적인 일이다.

인류라는 집단에 합류하라. 당신은 좋은 친구가 될 것이다. 당신의 충동적인 성격을 경계하라. 행동하기 전에 두 번 생각하는 것을 배우라. 무엇인가를 시작하기 전에 결과를 생각하라.

당신에게 주어지는 조언을 들으라. 사실 당신이 모든 답을 가지고 있는 것은 아니고 다른 사람들도 그렇다. 베푸는 사람이 되고 빼앗는 사람이 되지 말라. 당신의 숨겨진 특별한 재능은 삶의 소박하고 평범한 것에 대해 감사하는 것이다. 당신이 감사하는 사람이 되면 베푸는 사람도 될 수 있다. 그러면 언제나 더 나은 미래를 계획하는 자신을 발견하지 않게 될 것이다. 행복은 현재에서 선함을 발견하는 것이다.

당신을 기운 나게 하고 기분 좋게 만들어 주는 약물을 멀리해야 한다. 한번 시작하면 멈추기가 매우 어려울 것이다. 당신이 얻을 수 있는 최고의 흥분은 자신에 대한 정직함이 가져올 수 있는 고통에 직면하고, 그러고 나서 자신이 얼마나 멋진지를 보는 것이다.

현재를 살아가는 것과 현재 그곳에 있는 모든 선한 것에 감사하는 것을 배우라. 여기 이 순간에 진정으로 몰입하게 되면 당신이 얼마나 많은 것을 놓치고 있었는지 발견하게 될 것이다. 또한 당신은 자신이 찾고자 했던 것들이 이미 자신에게 있다는 것을 발견하게 될 것이다.

사람들이 당신에게 가까이 다가오는 것을 두려워하지 말라. 일단 인류가 되면, 당신은 사람들을 있는 그대로 받아들이고, 자신과 함께하는 사람들을 사랑하고, 자신의 판단력이 자신이 찾은 사랑을 망치지 않도록 하라. 당신은 독립적일 수도 있고 헌신적인 사랑의 관계에도 깊이 관여할 수 있다. 아마도 당신은 이를 인정하기 어렵겠지만 정말 혼자가 되고 싶지 않은 것이다.

두 가지의 길

건강과 성장의 길

현재에 있어서 행복하고, 느긋하고, 좋은 것들에 감사하기 위해 노력하라. 당신은 책임감이 있고, 생산적이고, 열정적이고, 많은 것을 잘 해낼 수 있을 것이다. 건강한 7유형은 행동하기 전에 생각하고 행동에 옮기기 전에 결과를 예측하는 매우 호감 가는 행동가이다.

경고(문제 발생의 징조)

끊임없이 움직여야 하는 사람이 되는 것, 항상 즐거워야 하고 행동하기 전에 생각하지 않은 결과로 곤경에 처하게 되는 것, 자기 자신과 삶에 대한 진지한 생각에서 도망치는 것, 자기 행동의 결과로부터 도망치는 것, 일이 잘못되었을 때 남을 비난하는 것, 점점 더 까다로워지는 것, 다른 사람의 감정에 둔감해지는 것, 충고나 교정을 받아들이지 못하고 구제 불능인 것, 알코올이나 약물, 성관계를 남용하는 것, 활동 중에 흥분하는 것

불건강과 붕괴의 길

당신이 무모하고 통제가 되지 않을 때, 혼란스러움에 당황할 때, 당신이 끊임없이 움직이게 될 때, 지나치게 열성적이고 명랑할 때,

까다로워지고 화를 내고 비판적이 될 때 당신은 곤경에 처하게 된다.

성장의 단계

① 천천히 하라. 당신이 볼 수 있고, 들을 수 있고, 느낄 수 있고, 맛볼 수 있고, 접촉할 수 있는 세상에 감사하고 배울 수 있는 모든 것을 배우라. 당신의 경험에서 배우라. 행복은 삶의 소박하고 평범한 것에 있으며 새롭고 신나는 일만 하는 것이 아님을 알아차리는 데서 발견된다.

② 솔선해서 하라. 불평하는 사람이 아니라 중요하고 가치 있는 일을 하는 행동가가 되라. 당신은 가치 있는 일을 잘하는 것을 통해 당신이 추구하는 만족감을 찾을 것이다. 먼저 생각하고 행하면서 배우라.

③ 다른 사람들의 감정에 진정으로 신경을 쓰는 사람이 되라. 그들도 삶에 감사하도록 도우라. 우리는 모두 세상과 우리가 하는 것에 대해 신나야 한다. 다른 사람들도 그러하도록 도우라.

④ 당신의 내면이 어떨지 더 집중하라. 당신 안에 있는 고통과 선함을 알라. 행복은 당신 안에 숨겨져 있다.

⑤ 꼭 즐거워야 할 필요 없이 해야 할 일을 하라. 선하고 가치 있는 일은 그것이 선하고 할 가치가 있어서 하는 것이지 신나기 때문에 하는 것이 아니다.

이제 당신은 삶을 진정으로 누리고 만족할 수 있다. 당신이 지금 어느 곳에나 있는 선함에 감사할 수 있기에 삶은 더 이상 지루하거나 불쾌한 것이 아니다. 선한 일을 잘하는 것이 당신의 목표이다.

행복이 당신을 찾아올 것이다.

당신의 영성

세상에는 다양한 종류의 영성과 다양한 방식의 기도가 있다. 당신이 무엇을 선호하든 명상 방법이 당신에게는 매우 좋을 것이고, 그와 동시에 매우 어려울 것이다.

5유형 사색가, 8유형 도전가처럼 앉아서 명상 훈련을 하는 것이 당신에게 도움이 될 것이다. 당신은 조용히 허리를 곧게 펴고 앉아서 눈을 감고(혹은 실눈을 뜨고) 당신이 할 수 있는 한 최선을 다해서 머릿속에 떠오르는 생각들을 놓아 보내라. 마치 빠르게 흐르는 냇물 옆에 앉아 잎사귀와 나뭇가지들을 보는 것처럼 생각이 떠오르면 그것을 알아차리고 시야를 지나쳐 흐름을 따라 떠나가는 것을 보라. 이 방법은 생각, 기억, 감정 들이 떠오르도록 하고 놓아 보내는 기법이다.

당신은 점차 이 노력이 매우 가치 있다는 것을 알게 될 것이다. 당신은 좀 더 고요하고 보다 평화로워질 것이다. 당신은 전보다 훨씬 많이 지금의 선함에 감사할 수 있게 된 자신을 발견하게 될 것이다.

날개 유형

두 유형의 열정가가 있다.

사람 지향의 열정가(6날개를 가진 7유형)

당신에게는 잘 어울리지 않는 두 가지 면이 있다. 한쪽은 다른 사람들의 동의를 얻는 것으로 안전함을 발견하는 것이고, 다른 한쪽은 다른 사람들이 동의를 하든 안 하든 알아서 잘 지낼 수 있게 해주는 것이다. 둘 사이의 긴장 관계를 풀기 위해서 당신이 둘 중 하나를 꼭 선택할 필요는 없다. 가장 좋은 방법은 먼저 자신을 돌보고 있는 그대로의 당신을 사랑하고 지지해 줄 사람을 찾는 것이다.

만약 다른 사람의 동의를 먼저 구하거나 당신을 돌봐 줄 누군가를 찾는다면 당신의 인생은 힘들어질 것이다. 당신은 종종 사랑에 쉽게 빠지고 또 쉽게 헤어 나올 것이다. 왜냐하면 어떤 사랑하는 관계도 당신의 필요를 충족시킬 수 없을 것이기 때문이다. 재미로 가득 찬 사랑의 질주가 끝나고 나면 당신은 지루해지고 실망하게 될 것이고, 충동적으로 다른 사랑으로 옮겨 갈 것이다.

당신은 아마도 충분한 돈을 가졌는지에 대해 걱정하게 될 것이며, 사람들에게 너무 많은 것을 요구하기 시작하고, 우유부단해지고, 혼란스러워질 것이다.

당신의 상태가 최악일 때, 다른 사람들에게 당신을 돌봐 달라고 요구하면서 무기력해지고 불쌍해질 것이다. 당신은 화가 나서 그들을 쫓아내고 다시 그들을 쫓아갈 것이다. 심지어 당신은 충동적으로 자멸하고 자살할 수도 있다.

공격적인 열정가(8날개를 가진 7유형)

당신은 매우 강력한 야심가이다. 누구도 당신을 방해할 수 없으며, 자신이 원하는 것을 얻을 수 있다. 당신은 파트너 열정가보다 더 열정적이고, 더 자신감이 있다. 당신은 매우 좋은 지도자가 될 수 있는 능력이 있다. 원하는 것을 얻으려고 한다면 그것을 얻을 때까지 멈추지 않을 것이다.

그러나 당신의 외골수 성향은 사랑하는 사람들의 요구, 필요, 야망을 희생시킬 수 있다. 파트너 열정가는 갈등을 피하려 하지만 당신은 그렇지 않다. 당신의 충동은 맞서서 정복하고 싶은 것이다.

당신의 상태가 최악일 때, 당신은 심지어 옳고 그름의 원칙마저 무시하고 무자비해진다. 당신이 분노할 때, 당신은 주위에서 당신에게 도전하는 것처럼 보이는 사람들에게 신체적인 공격을 가할 수 있다.

끝맺으며

당신이 지속적으로 피할 수 없는 현실은 당신의 삶과 사랑하는 관계에서 만족을 찾는 데 어려움을 겪을 것이라는 것이다. 당신은 인간 경험의 내면을 헤아리는 데 어려움을 겪는다. 이것이 당신의 불만을 야기하는 것이다.

지금 이 순간 주위를 둘러보는 법을 배우고 당신이 가진 것과 하는 일에 감사하라. 행복은 당신의 바깥세상에서 오는 것이 아니라 자신의 내면세계에서 오는 것이다.

교사, 상담자 및 코치에게 보내는 글

　각각의 성격 유형은 학급의 과제에 대해 조금 다르게 반응한다. 고등학교에서 14년 동안 가르친 경험으로 미루어 볼 때, 나는 다양한 감정에 직면하였을 때 각 학생의 개성을 분명하게 파악하는 것이 종종 어렵다는 것을 알고 있다. 대단위 학급에서는 당신과 학급 과제에 대해 학생들이 모두 긍정적인 반응을 보이도록 이끄는 방법을 알기 어렵다.

　여기 도움이 될 만한 몇 가지 제안이 있다.

　8유형 도전가들은 수업 첫날에 교사에 대한 평가를 내린다. 당신이 명확하고 일관성 있게 책임지고 공정해야 당신은 그들의 존경을 받을 것이다. 만약 당신이 책임지지 않는다면 이들이 책임자가 될 것이다. 상호 존중이 8유형의 핵심이다. 만약 당신이 이 재능을 사용할 방법을 찾을 수 있다면 그들은 좋은 학급 리더가 될 수 있다. 이들은 위대한 협력자 또는 원수가 될 수 있다.

　9유형 화합가들은 지각이나 결석 때문에 부모와 학교로부터 들볶이는 것을 견디기 싫어서 학교에 온다. 만약 학교를 다니는데 가정에서 부모님의 지원을 받지 못한다면 이들은 학교에서 오래 버티지 못할 것이다. 그들은 주목받고 싶어하지 않기 때문에 협력할 것이며 '어느 정도' 그들의 일을 할 것이다. 그들이 "전 그거 못해요." 라고 할 때는 실패에 대한 두려움 때문이 아니라 성공에 대한 두려움 때문이다. 무엇인가 한번 잘한다는 것은 그들이 또 잘할 것으로 기대를 받는다는 것을 의미한다. 어떤 9유형은 수행 불안performance anxiety 때문에 몹시 대단해 보이고, 심지어 다소 흥분한 것처럼 보일 수도 있다. 그들은 교실에서 6유형과 비슷한 방식으로 행동하지만 그 이유는 다르다. 9유형은 게으르기 때문이고, 6유형은 겁이 많기 때문이다.

1유형 개혁가들은 일반적으로 진지하고 협조적인 학생들이다. 그들은 교사와 부모의 기대에 부응하기 위해 주로 자기 자신과 경쟁한다. 이들이 너무 많은 압박을 받으면 그들은 쉽게 완벽주의와 실수하는 것에 대한 두려움에 '빠지게' 된다. 만약 교실에서 그들의 잘못을 비판적으로 지적하지 않고 격려해 준다면 그들에게 큰 도움이 될 것이다. 그들은 당신이 그들의 노력을 인정하고 당신이 인내심과 이해심을 가질 것이라는 것을 알아야 한다. 그들은 너무 진지하기 때문에 유머가 도움이 된다.

2유형 조력가들은 매우 활발하게 사회생활을 한다. 그래서 그들이 학교에 오는 것이다. 그들의 학급 성적은 그들의 우정과 사랑의 관계가 어떻게 진행되고 있는지, 그리고 부모가 그들의 교육을 어느 정도로 뒷받침해 주는지에 많이 좌우된다. 그들에게 교사는 친절하거나 매몰차거나 둘 중 하나이다. 만약 당신이 그들을 좋아하지 않는다는 느낌을 받는다면 당신을 무시할 것이다. 그들은 사교활동을 교실 밖에서도 유지하는 것을 배워야 한다. 그렇지 않으면 그들은 교실에서의 학습이 그들이 학교에 오는 주된 목적, 즉 친구들과 함께 있는 것을 방해하는 것으로 보게 될 지경에 이르게 될 것이다.

3유형 성취가들은 교실에서 사교활동을 하는 것을 좋아하는 열정적인 사람들이다. 하지만 그들의 주된 목표는 교사에게 잘 보이는 것이다. 그들은 성공을 느끼고 싶어하고 당신의 칭찬을 필요로 한다. 그들은 또한 같은 반 친구들 앞에서 멋있게 보이고 싶어서 당신이 등을 돌릴 때 슬쩍슬쩍 장난을 칠 수 있다. 만약 이들에게 주어진 학급 과제가 너무 과하게 느껴진다면 (특히 시험 시간에) 성공하기 위한 지름길을 택할 수 있다.

4유형 예술가의 두 유형은 조금 다르다. 한 유형은 수줍어하고, 위축되고, 경쟁적이지 않으며, 경쟁을 강요받으면 학교에 대한 공포증이 생겨 학교를 그만둘 수 있다. 그들은 진지함 때문에 1유형처럼 보일 수도 있고 멍하고 태평하기 때문에 9유형처럼 보일 수 있다. 다른 유형은 과잉행동 때문에 7유형처럼 보일 수 있다. 이 유형 역시 경쟁에 반응하고 학교 공포증이 생길 수도 있다. 두 유형 모두 당신이 그들과 어떻게 관계를 맺느냐에 극도로 민감하다. 그들을 수업 시간에 깎아내리는 것은, 심지어 친근한 방식으로 한다 하여도 이것은 정말 큰 실수이다. 이들과는 교실 밖에서 개인적으로 일대일로 만나 지지하면서도 지시하는 방법이 도움이 된다.

5유형 사색가들은 지나친 사교활동에 발작을 일으킬 수도 있지만 대부분은 조용하고 협조적이다. 그들은 매우 고집이 셀 수 있는데 일단 머릿속에 어떤 아이디어가 떠올랐을 때 어떤 것도 그것을 떨치지 못하게 한다. 그들은 질문에 대답하기 전에 잠깐 그것들에 대해 생각할 필요가 있고, 그러고 나서 고쳐지는 것에 분개하는 경향이 있다. 당신이 5유형 아이들에게 교정을 해 주어야 할 때 "네 말에도 일리가 있어. 그런데……"라고 시작하는 것이 좋다. 그들이 때때로 머릿속이 혼란스러워 '멍한' 것처럼 보일 수 있으나 그들은 생각하고 있는 중이다.

6유형 충성가의 두 유형은 매우 다르다. 한 유형은 매우 협조적이고 실패를 두려워한다. "전 할 수 없어요."가 수업 과제에 대한 가장 일반적인 반응이다. 그들은 어떤 일을 잘하도록 '속일' 필요가 있다. 당신은 이렇게 말할 수 있다. "봐, 내가 말했잖아. 네가 할 수 있는 것이라고." 다른 유형은 그들에게 하라고 말한 것을 하기를 거부한다. "당신은 나를 그렇게 할 수 없어."가 가장 일반적인 반응이다. 또한 그들은 교사가 화를 내도록 노력한다. 그들 역시 실패를 두려워하기 때문에 그들에게 제시되는 과제는 잘게 씹어 먹을 수 있는 조각으로 잘라줘야 한다.

7유형 열정가들은 그들의 과잉행동으로 교사의 인내심을 시험할 수 있다. 그들은 심각한 것이나 감정적으로 불편하게 만드는 모든 것을 피한다. 그들의 주의력은 매우 짧다. 교실에서 다양성을 제시하는 것은 이들이 정상 궤도에 올려놓고 일탈하지 않도록 도움을 준다. 그들은 자주 그리고 참을성 있게 행동하도록 상기되어야 할 필요가 있다. '다음 번에는'과 같은 종류의 경고는 이 유형에게 소용이 없는데 이 유형은 이 경고가 전해진 지 몇 초 안에 잊어버리기 때문이다.

교실의 소수민족 학생

편견과 인종 차별 문제와 관하여 성공의 두려움과 실패의 두려움은 오늘날 교실에서 중요한 고려 사항이다. 소수민족 학생의 천성, 가족 또는 경제적 배경과 상관없이 피해의식, 즉 자기 패배적인 방식의 생각들이 종종 발달하여 개인의 성장과 교실에서의 성공을 막을 수 있다.

"궁지에 몰려 있다."가 정체성을 정의한다. 개인이 '주류'의 외모나 다수 문화의 기대와 거리가 멀다는 측면에서 '부적합하다'고 느낄 때 그들은 특정한 정체성을 가지게 되고 그들의 과업은 실재하거나 또는 상상의 거대한 적들과 싸워서 존경받고 성공하는 것이다.

만약 그들이 자신을 약자의 입장에 있다고 본다면 이는 그들에게 불리하게 작용하여 성공하고자 하는 노력은 비현실적이고 어리석은 것처럼 보인다. 주류 사회 출신의 교사가 이런 입장에 있는 사람의 세계관, 그들의 기분, 태도, 자기에 대한 관점, 미래에 대한 희망 등이 어떠한지를 이해하는 것은 어려워 보인다.

만약 교사가 이런 문제에 대해 둔감하고 공공연한 혹은 잠재적인 편견을 가진 것처럼 보인다면 학생이 만든 인종 또는 민족에 대한 상당한 자기혐오가 교사에게 투사될 수 있다.

학생은 더 넓은 세상을 바라보고 자신이 본질적으로 더 많은 적들과 맞서고 있다는 것을 무의식적으로 느낄 수 있다. 이는 지려고 태어났다는 운명론으로 이어질 수 있고, 악전고투하는 학생을 자유롭게 해 줄 수도 있다. 패배자의 인생관에는 분노에 기반을 둔 많은 에너지가 있다. 이 에너지는 자기 자신이나 타인에게 돌아갈 수 있고, 만약 지도를 받는다면 사람에게 생명을 불어넣을 수도 있다. 비결은 도망가고 싶고, 삶에서 벗어나고 싶어하는 감정을 갖는 자신에게 화를 내는 것이다. 그러면 분노는 자기 계발을 위한 강력한 추진력으로 바뀔 수 있다. 패배자가 되는 것은 삶에 흥미를 잃게 만들거나 관심을 갖게 할 수 있다.

소수민족 학생이 애쓰기 시작하고 성과가 구체화되기 시작하면 그 사람은 대응할 상대(실제 또는 상상에서)를 찾는다. 편집증에 걸릴 수도 있다. 숨어 있는 적은 눈에 보이지 않고, 지속적인 경계심보다 자기 태만이 더 나을 정도로 불안감은 더욱 심해질 수 있다. 요즘 인종 차별의 주된 형태인 은밀한 인종 차별은 1960년대의 노골적인 인종 차별보다 훨씬 더 다루기가 어렵다.

편집증은 학생으로 하여금 "그것은 단지 시간 문제일 뿐이며 그들은 나를 괴롭힐 거야. 그리고 내가 고향에 있는 친구들을 보게 된다면 나의 노력은 비웃음을 사겠지. 나는 이길 수가 없어. 나의 실패는 내 잘못이 아니야."라고 믿게끔 할 수 있다. 절반의 진실은 승리할 수 있다.

이 문제는 교사가 교실에서 해결할 수 없다. 그러나 좋은 교육을 통해 얻은 경험은 학생에게 인생에 기회를 줄 자신감과 결단력을 찾게 해 줄 수 있다.

교실에서

① 도전에 직면하였을 때 학생들이 자신의 두려움을 인정하고 최악의 시나리오를 만드는 자신의 머리에서 나오는 소리를 알아차리도록 도우라.

② 학생들에게 "누구도 나보다 선천적으로 나은 것은 아니야. 최악의 경우는 단지 내가 그냥 놔둘 때에만 일어날 것이야."라고 맞대응하는 목소리를 낼 수 있도록 도우라.

③ 학생들이 현실의 어려움과 상상 속의 어려움을 구별할 수 있도록 현실을 검증하는 방법을 가르치라.

④ 학생들에게 '그들에게 맞서는 우리'에서 '우리 자신의 두려움에 맞서는 우리'로 생각을 바꾸도록 약자의 사고방식을 격려해서 동기로 사용하도록 도우라.

⑤ 칭찬을 자주 하되 낮은 목소리로 있는 그대로 칭찬하라. 지나친 칭찬은 불안을 증가시키거나 지나치게 자신만만한 태도로 전개될 수 있다.

⑥ 학급 과제에서 비교적 작고 약간 도전적인 목표를 세우고 도전을 천천히 계획적으로 늘려 나가라. 늘어난 도전을 대수롭지 않게 여김으로써 불안감을 낮출 수 있다. "이거 별로 다를 게 전혀 없어. 우리가 전에 잘했던 거야." 실패도 때때로 다음과 같이 대수롭지 않게 다룰 필요가 있다. "실패는 없고 오직 배움의 기회만 있어."

⑦ 학생들에게 과거의 성공이 불멸이라는 것을 정기적으로 상기시키라. 그것은 빼앗길 수 없는 것이며 오직 버려질 뿐이다.

⑧ 자기 계발에 대한 개인적인 분투로서 교사의 자기 노출은 유
　대 또는 치유의 효과를 가진다. 이런 맥락에서 자기 계발에
　따르는 분투는 공통의 노력이 된다.

⑨ 교실에서 학생들의 노력에 대해 당신이 가지는 좌절감을 점
　검해서 이 감정들이 학생들을 향한 분노가 되지 않도록 하라.
　분노는 모든 노력을 파괴한다.

⑩ 당신이 학생들에게 '안전한' 사람이 되면 그들은 매우 따뜻하
　고 사랑스럽게 된다. 친절하게 반응하되 그들이 분투하는 것
　에 감정 이입하는 것을 보이지 말라. 그러면 그들이 감정적으
　로 당신에게 의지하지 않게 되고 당신은 쉽게 이용당하지 않
　게 될 것이다.

　끝으로 마음속으로 언제나 학생들이 실패할 수 있다는 것에 주
의를 기울이라. 만약 그 일이 일어나면 자멸적인 메커니즘이 시작
될 것이다. 그것은 또 어쩌면 시험하려는 조치일 수도 있다. 그것
은 어쩌면 당신과의 관계를 깨뜨릴 수 있다. 그것은 어쩌면 자신감
과 동기를 무너뜨릴 수 있다. 이런 가능성 중 어느 하나는 학급에서
일어나는 것보다 학생들의 가정과 생활 상황과 더 관련이 있다.

　당신의 감정을 모니터하라. 학생과 함께 앉아서 이야기해 보라.
일어난 일에 대해 당신이 서로 이해할 수 있는지 보라. 필요하다면
라포를 재형성하고 당신이 놓친 부분을 짚어내라.

　교사로서 당신은 당신의 학생에 대한 성공과 실패로 당신의 자
아존중감과 직업상 자신감을 부여하고 있지 않다는 점을 명심하
라. 만약 그렇게 한다면 틀림없이 기운이 다 소진될 것이다.

사회복지에 대한 사고방식에 관하여

복지 공동체에서 자라난 청소년은 자주 '지기 위해 태어났다'와 '나를 위해 하는 것이 당신의 의무'라는 사이에서 갈등하는 경우가 많다. 이는 독립하고자 하는 정상적인 욕망과 자존감 사이에서 갈등하는 것이다.

'패배자'가 되고, 타인의 관용을 받는 사람이 된다는 것은 자신을 위해 아무것도 할 필요가 없다는 것과 자신의 불행에 대해 남을 탓할 수 있다는 보상이 있다. 이러한 보상은 청소년으로 하여금 오래 살고자 하는 욕구를 잃게 만든다. 청소년이 자신을 거리의 부랑아로 보게 될 때 자신을 돌보고 남을 존중하며 사회의 법칙을 준수하는 일반적인 이유들이 작동하지 않게 된다.

성격 발달에 있어서 자기 존중과 지속적인 노력의 보상은 매우 멀고 모호하며, 비현실적인 것으로 보인다. 교실에 대한 10가지 제안은 이 문제를 다루기 위한 시도이다.

청소년이 교사의 무조건적인 긍정적 태도와 '할 수 있다'는 접근에 직면했을 때 또 다른 갈등을 갖게 되는데 그것은 "선생님, 당신 말이 맞나요? 사회와 또래 그룹이 틀렸나요? 아니면 그 반대인가요?"이다.

청소년 개개인은 무엇이 옳은지 스스로 결정해야 하는 상황에 직면한다. 후자의 딜레마는 건강한 것이고, 학교의 환경은 일주일에 5일, 일 년에 아홉 달씩 이 갈등을 겪어야 하는 좋은 곳이다.

교육자로서 우리는 궁극적으로 청소년 개개인이 이 성장의 갈등을 어떻게 해결할지에 대한 통제력을 갖고 있지 않다. 우리가 할 수 있는 모든 것은 이것을 '그들의 면전에' 두고 아무리 미적거려도 삶을 택하는 사람들을 지지하는 것이다.

내 생각에 이것은 학교에서 기대할 수 있는 거의 모든 것이다. 인권운동이 시작된 이래 학교는 사회의 병폐를 해결하는 데 주력해 왔다. 학교는 치료 공동체, 건강한 사회를 위한 모델, 도덕적 가치로서의 교사, 그리고 지역사회는 물론 교육적 역량의 강화 기관이라는 관점에서 그렇게 많은 것을 할 수 있을 뿐이다. 우리가 할 수 있는 일은 앞으로 우리가 직면하고 있는 상황에서 최선을 다해 더 나은 방법을 계속해서 찾아 나가는 것뿐이다.

청소년이 삶을 선택할 수 있도록 도와줄 수 없는 데서 오는 고통을 나는 잘 알고 있다. 내 생각에 그 고통을 느끼는 것은 좋은 일이다. 우리가 이 고통을 멈추는 것을 허락할 때 우리 자신은 삶을 기피하게 되는 것이다. "고통이 느껴지십니까?" "네." "죄책감과 우울감을 느끼고 기진맥진하십니까?" "아니요." 아이들은 낙관적이고 희망을 가지기 위해 우리를 계속 바라본다. 우리가 이 희망을 잃으면 차라리 그 일에서 손을 떼는 편이 낫다.

당신의 개인적인 여정의 목표가 무엇인가? 모든 아이를 구하거나 가능한 많은 아이를 돕기 위해 노력하는 것인가? 만약 당신의 목표가 모든 아이를 구하는 것이라면 당신의 개인적인 여정은 실패할 것이다. 만약 당신의 목표가 계속 노력하는 것이라면 여정은 목표가 되고 그 목표는 달성할 수 있다.

아마 스스로에게 "왜 자꾸 내가 노력하지? 누가 신경이나 쓸까?"라고 물어볼 때가 많이 있을 것이다. 각각의 청소년이 노력할 가치가 있기 때문에 계속 노력하는 것이다. 아무도 신경 쓰지 않는다?
아니, 그들 자신이 신경 쓰고 있다.

신의 축복이 있기를.

참고도서

Enneagram Analysis

Metz, Barbara, S.N.D. de N., and John Burchill, O.P. *The Enneagram and Prayer*. Denville, N.J.: Dimension Books, 1987.

Palmer, Helen. *The Enneagram, Understanding Yourself and the Others in Your Life*. New York: Harper and Row, 1998.

Riso, Don Richard. *Personality Types*. Boston: Houghton Mifflin, 1987.

_____. *Understanding the Enneagram*. Boston: Houghton Mifflin, 1990.

Tart, Charles T., ed. *Transpersonal Psychologies*. New York: Harper and Row, 1975.

Myers–Briggs

Grant, W. Harold, Magdala Thompson, and Thomas E. Clarke. *From Image to Likeness*. Ramsey, N.J.: Paulist Press, 1983.

Keirsey, David, and Marilyn Bates. *Please Understand Me*. Del Mar, Calif.: Prometheus Nemesis, 1984.

American Psychiatric Association Analysis

Millon, Theodore. *Modern Psychopathology*. Prospect Heights, Ill.: Waveland Press, 1983.

Mind-Style Research

Gregore, Anthony F. *An Adult's Guide to Style*. Maynard, Mass.: Gabriel Systems, 1982.

_____. *Inside Styles, Beyond the Basics*. Maynard, Mass.: Gabriel Systems, 1985.

Fetal Alcohol

Dorris, Michael. *The Broken Cord*. New York: Harper Collins, 1990.

찾아보기

▣ 저자 소개

William J. Callahan
도덕 및 목회 신학, 인간관계 및 조력 스킬 분야에서 석사학위 취득
South Dakota Pine Ridge에 있는 Red Cloud Indian School의 Holy Rosary
Mission에서 성직자와 카운슬러 활동
우간다에서 선교 활동

▣ 역자 소개

김환영(KIM HWAN YOUNG)
한양대학교 대학원 교육학과(교육학박사)
국제에니어그램협회 공인 교사
국제비즈니스코치협회 공인 코치
한국에니어그램협회 초대 회장
용인대학교 교양교육원 교수

이영옥(LEE YOUNG OK)

CANADA CHRISTIAN COLLEGE 상담학과(상담학박사)

한국에니어그램연구원 에니어그램 강사

NLP Master Practitioner

(주)지에스컨설팅 대표

(사)유엔미래포럼 미래직업교육 전문강사

김미영(KIM MI YOUNG)

CANADA CHRISTIAN COLLEGE 상담학과(상담학박사)

한국에니어그램연구원 에니어그램 강사

NLP Master Practitioner

더나은컴퍼니 대표

기수경(KI SOO KYUNG)

영국 Cass Business School MSc in Quantitative Finance

한국에니어그램연구원 에니어그램 강사

Depth Ennegram Certification P/G 수학

KEI Enneagram Coach

청소년 에니어그램
-상담과 코칭 매뉴얼-

The Enneagram for Youth
-Counselor's Manual-

2022년 5월 10일 1판 1쇄 인쇄
2022년 5월 20일 1판 1쇄 발행

지은이 • William J · Callahan
옮긴이 • 김환영 · 이영옥 · 김미영 · 기수경
펴낸이 • 김진환
펴낸곳 • ㈜ **학지사**

04031 서울특별시 마포구 양화로 15길 20 마인드월드빌딩
대표전화 • 02-330-5114   팩스 • 02-324-2345
등록번호 • 제313-2006-000265호

홈페이지 • http://www.hakjisa.co.kr
페이스북 • https://www.facebook.com/hakjisa

ISBN 978-89-997-2658-3 03180

정가 15,000원

출판 · 교육 · 미디어기업 **학지사**

간호보건의학출판 **학지사메디컬** www.hakjisamd.co.kr
심리검사연구소 **인싸이트** www.inpsyt.co.kr
학술논문서비스 **뉴논문** www.newnonmun.com
교육연수원 **카운피아** www.counpia.com